# Eu, tu e o comboio

Copyright do texto © 2012 Manuel de Almeida e Sousa
Copyright da edição © 2012 Escrituras Editora

Todos os direitos desta edição reservados à
**Escrituras Editora e Distribuidora de Livros Ltda.**
Rua Maestro Callia, 123 – Vila Mariana – São Paulo, SP – 04012-100
Tel.: (11) 5904-4499 / Fax: (11) 5904-4495
www.escrituras.com.br
escrituras@escrituras.com.br

Criadores da Coleção Ponte Velha: António Osório (Portugal) e Carlos Nejar (Brasil)

Diretor editorial: Raimundo Gadelha
Coordenação editorial: Mariana Cardoso
Assistente editorial: Ravi Macario
Projeto gráfico e imagem da capa: Manuel de Almeida e Sousa
Diagramação: Manuel de Almeida e Sousa e Vaner Alaimo
Capa: Vaner Alaimo
Revisão: Jonas Pinheiro e Paulo Teixeira
Impressão: Graphium

**Dados Internacionais de Catalogação na Publicação (CIP)**
(Câmara Brasileira do Livro, SP, Brasil)

Sousa, Manuel de Almeida e
  Eu, tu e o comboio / Manuel de Almeida e Sousa. –
São Paulo: Escrituras Editora, 2012. –
(Coleção Ponte Velha)

ISBN 978-85-7531-433-3

1. Teatro português I. Título. II. Série.

12-10954                                                       CDD-869.2

Índices para catálogo sistemático:
1. Teatro: Literatura portuguesa         869.2

Edição apoiada pela Direcção-Geral do Livro e das Bibliotecas/Portugal.

Impresso no Brasil
*Printed in Brazil*

MANUEL DE ALMEIDA E SOUSA

# Eu, tu e o comboio

São Paulo, 2012

**MANUEL DE ALMEIDA E SOUSA** escreve coisas como quem beija à moda francesa, tem fantasias com comboios e faz das máquinas de costura suas amantes. Entrega-se aos projetos sem olhar a fins, quase sempre com poucos meios, faz da dramaturgia património inconsciente, corta todas as manhãs as amarras da consciência e da razão e faz do ato criativo desempoeirado o seu livro de cabeceira.
Almeida e Sousa transpira a genialidade pelos poros das palavras e tem por rotina fumar um cigarro para incendiar as ideias. Rega o imaginário com pólvora de alto calibre, escreve histórias como quem se despe nas Folies Bergère, sonha sem se importar com os limites da sensatez e nunca usa arnês. Anseia deslocar-se de burrico no meio do trânsito e passar os dias a tratar de uma vinha que dê para fazer 365 litros de vinho por ano. Leva as mãos à cabeça quando está confuso e nunca puxa dos galões porque prefere puxar dos dragões do imaginário. Tem referências culturais capazes de criar uma avalanche que lhe salpicam o discurso em todas as ocasiões. É viciado na arte do improviso e muda de ideias como quem muda de estado de espírito. É por isso vulgarmente confundido com um adorador do caos, quando na verdade apenas se liberta de espartilhos comerciais para seguir a magia do ato impulsivo.

**Bruno Vilão**

dedico este livro
- aos meus dois netos (Iago e Silvestre)
- aos meus dois filhos (Belisa e Igor)
e
- aos atores que me acompanharam e tiveram a paciência de me aturar na aventura que foi
e
é "MandrágorA"

agradeço a colaboração de Manuel Bolinhas na revisão dos textos aqui publicados

# Sumário

Eu, tu e o comboio ... 11
Rosbife ponto come-se ... 29
Prometeu atado à bomba de gasolina ... 49
A mandrágora ... 67
O cavaleiro Theobaldo ... 93
Meia sombra ... 109
Sobre o autor ... 125

*escuro.*
*ouve-se tambores. segue-se um silêncio pesado. depois, o ruído ensurdecedor de berbequim elétrico.*
*as luzes sobem ligeiramente - semi-obscuridade.*
*ouve-se agora a passagem de um comboio e duas vozes que se devem sobrepor ao ruído da máquina:*

voz 1 - rolando na erva        como loucos
                                     o encontro dos lábios é mais quente

voz 2 - o sabor da luz da manhã
                             entra vidros dentro
e
                             engorda-me o coração
sem saber como          os meus vícios
devoram todas as horas da noite
                             as que se aproximam suavemente

voz 1 - caminho com um cão negro na minha peugada
                           está cheio de pulgas...
    nasci morto há muitos anos
e
    vestiram-me uma fantasia de vivo
    um disfarce que permanece escondido           colado à alma

*um olho, belo, longo e enorme espreita pelas frinchas da porta azul colocada ao centro da cena. a porta está virada para o público. uma árvore branca e duas cadeiras (costas com costas) completam os elementos da cena.*

 *entra com uma trincha e uma lata de tinta. olha para todos os lados - aproxima-se da porta, dá uma pincelada rápida e esconde-se atrás dela.*

*ouve-se passos e*  *cruza a cena muito suavemente com uma dentadura na mão.*

 - atrás deste elegante quadro...
                         atrás da mão que escreve
   e
           leva por diante todas as narrativas
esconde-se um drama profundo...

a vida dos cães é um mistério!... um grande mistério...
*(sai)*

*passa um comboio. após a passagem, entra com um grande guarda-chuva aberto. um telefone toca. atende:*

- sim... pois... *(pausa longa)*
　o sabor da luz que pela manhã entra
　　　　　　　　　　　vidros dentro
　　　　　　　　　　　engorda-me o coração
　　sem saber como　　os meus vícios
devoram todas as horas da noite
um dia destes ainda semeio uma canção
uma canção que saiba medir rigorosamente
　　　　　　　　　o tempo
　　　　　　　　　uma canção-relógio
　　　　　　　　　uma canção-calendário
　　　　　　　　　uma canção-termómetro
　　　　　　　　　uma canção
　　como um compasso
　　　　uma canção que desenhará com esquadros mil espirais
　　　　uma canção que será um quadrado perfeito
e
　　a minha voz lavrará um ritmo de sangue
　　então
　　　　　　　　poderei deslizar... rolar na lama
e
　　　　de joelhos gritar:
　　　　　　　voa!... voa!... vooooooooooooooa...
soltarei em seguida uma gargalhada de emoção
ah!... nasci morto há muitos anos
　　　　vestiram-me uma fantasia de vivo
　　　　um disfarce que permanece escondido colado à alma

*olha demoradamente a porta. sai e volta com um megafone para dizer o que se segue:*


batemos forte, chamámos...
　　　　　　　nem resposta.
eu sei que ela tem o costume de deixar a porta encostada
e
escancaradas, as entradas, são portas para uma nova imagem
li em algum lugar...

                              sabe-se lá onde
                              sabe-se lá onde
                              sabe-se lá onde
            cumprirei o meu destino
                              pois

                        só a essência permanece
                        só a essência
                        só a
                        só
e        aqui
         aqui
                        sou o mesmo queijo de sempre
                        e
                        sou também uma dúvida
                        um afago
                        uma espera à janela
e
sou cuidados sem-ovo
sou um projeto
sou um sonho
sou filmes
sou pele transparente
mas...
                                    ainda há os desejos
                                    ainda há os desejos
                                    ainda há os desejos
e
tudo o que vem
é já passado
                        pela garganta
                        pelos cabelos
                        pelas peles
                        pelas dietas-navalha
                                    devorando milho
                                    devorando milho
                                    devorando milho
                                    devorrrr...

*o espaço escurece. 🙂 , ainda com o chapéu de chuva aberto, dança. deverá ficar enrolado nos cabos dos telefones, no fim da ação. desliga o telefone e tenta libertar-se. finalmente, senta-se numa das cadeiras. fecha o guarda-chuva.*

- nasci morto há muitos anos...
        não              nunca estive entre os vivos
    os meus sonhos       são abundantes
e
    os teus lábios       estão armados
                         de um sorriso poderoso
fulminam os monstros que sobrevoam a minha cama todas as noites
e
                         todas as noites me dizes
    - **pintar é como escrever palavras na memória**
    uma vez senti o corpo perfurado por pregos
    arrancaste-os              um por um
    com as orelhas do teu martelo
    *(pausa)*
    um quadro...
e
    palavras cravadas na memória

*adormece... ouve-se o cantar de um rouxinol e uma voz.*

voz - os magos que conheci nunca morreram
                         evaporaram-se
                         pulverizaram-se
                         separaram-se

*entra e senta-se na cadeira desocupada. abre um jornal. lê e depois olha para* *que se encontra atrás de si, adormecido. ri-se, olha a sala, retoma a leitura...*

- yo he aprendido mucho de la tradición en los tiempos del rey arturo
y
    los caballeros de la tabla redonda.
    me gusta la história de um perro y un dragón de dos cabezas en busca de escalibur
                 la espada mágica que ha sido robada...
sim. devo ser uma catalisadora de problemas como me disseste...
             mas são os problemas que me procuram
não. não os posso evitar
e            por sorte o sangue não chegou ao rio

talvez       porque não quis que chegasse

                        porque
                        porque
és uma espécie de suicídio                    anunciado
                                              absorvente
                                              sem espaço
sim                     necessitas de ser o centro do universo
                           e
isso é muito difícil para mim
                        está a ser...

🙎 *(acordando)* - tu?...

🙎 - yo.

🙎 - há quantos dias estamos nós aqui?

🙎 - perdi todos os tempos.

🙎 - eu...
            julgo ter perdido tudo.

🙎 - também o desejo?

🙎 - não.
       mas...
       sabes?...    descrever desejos
                        os meus
                            é como o uivar de um lobo
                            é como o canto de um rouxinol
                            é...

🙎 - como o cantar de um grilo
                    um sorriso do sol

🙎 - numa praia

👤 - ao meio dia

👤 - ao meio dia desejo     um beijo

👤 - rolando na erva        como loucos
                            o encontro dos lábios é mais quente

👤 - a cantar               um beijo a cantar
                            a cantar uma bela canção
uma canção com um belo poema
assim:
                a barba
                a fazer a barba
                a fazer a barba ao coração
                a fazer a barba
                a barba a desfazer
                a fazer um coração
                um coração a fazer-se de cão
                um cão a fazer um coração com barbas

*a cena escurece completamente. ouve-se vozes:*

1ª voz - Que tem a dizer sobre as divinas personalidades com quem temos a sorte de partilhar o planeta?

2ª voz - as lixeiras estão a engordar!...

*espaço deserto. uma gigantesca marioneta tateia a cena -* 👤 *entra a mastigar uma pastilha. pára ao centro.*
*pausa. pausa excessiva. um comboio abre caminho na paisagem. devora-a.*

👤 - ...?
    *(para a marioneta - jogo)*
não!...                         come
                                come
come                            me
e                               come
            os sonhos que sou capaz de raptar das ampulhetas

e
                    quanto a mim...                              não te preocupes
eu
quando perseguido                                                corro mais e mais
mas...                                                           continuam aqui
                                                                 os sonhos
de quem são?...                                                  não sei
tudo o que sei                                                   é que tenho de fugir
                                                                 fugir e fugir
                                                                 fugir e fugir
                                                                 fugir e fugir
                                                                 e
soltar todos os berros                                           que tenho guardados
                                                                 dentro da alma
ele
por vezes
está ao meu lado                                                 e
não me acode

                                                                 sacode
                                                                 sacode
as rajadas de sol
sim...
                                                                           deve ser
                                                                           deve ser
por dormir de boca aberta                                                  então...
                    por la mañana me desnudo y bebo...
                    por la mañana me desnudo y
                    por la mañana me desnudo
                    por la mañana me
                    por la mañana
                    por la
                    por
que
        de uma forma geral        as figuras surgem a preto e branco
        ténues
e       por vezes fantasmagóricas
        esquálidas
        patéticas
        sujas

*entra em cena. aproxima-se da porta e olha-a demoradamente como se fosse um espelho. vira-se para o público e lança ao ar um molho de fotografias*

- as fotos deste festim
                 são os únicos documentos que nos restam

 - este mundo figurativo
         está possuído por estranhas plantas carnívoras
                 irreais
         dispostas          sobre escarpas alcantiladas
e
         superfícies pedregosas.
         assemelham-se a paisagens lunares

 - deves!?...

 *senta-se e inicia um rasgar das folhas do jornal. constrói*

*aviões de papel que lança para o público. por sua vez*  *fará, na sua cadeira, bolas de sabão. estarão neste jogo durante algum*

*tempo. será, então que*  *fará uma pausa para ler o seu jornal.*

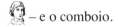 – eu...

 – tu...

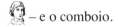 – e o comboio.

 – tu e o comboio?

 – não.

 – não?

 – eu...

– tu…

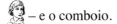 – e o comboio.

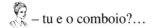 – tu e o comboio?…

 – não!...

 – então?

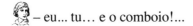 – eu... tu… e o comboio!...

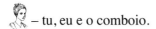 – tu, eu e o comboio.

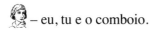 – eu, tu e o comboio.

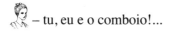 – tu, eu e o comboio!...

– o comboio, tu e eu…

– confundes-me.
estamos aqui há horas e nem um... nem um comboio.

 – vai passar.

– vai?

– tenho a certeza. há sempre um que passa…

 – comboio?

– claro.

 – duvido.

 – não duvides. acredita em mim. tu dizes ser minha amiga… se és mesmo minha amiga, tens de acreditar que o comboio passa…
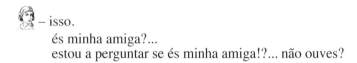 mais tarde ou mais cedo.

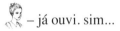 – eu… tu… e o comboio…

 – isso.
és minha amiga?...
estou a perguntar se és minha amiga!?... não ouves?

 – já ouvi. sim...

 – sim?

 – sim.

 – és minha amiga?

 – sim.

 – muito?

 – quê?...

 – muito amiga?...
 – cala-te!... deixa-me ler.

– se és minha amiga, vais comprar-me uns sapatos.
                quero uns sapatos
agradáveis
maleáveis
desdobráveis          impermeáveis…

ofereces-me uns sapatos nos meus anos?... ouviste?...

 – o quê?

 – uns sapatinhos de cristal como os da gata borralheira.
    como os da branca de neve. como…
            é que me doem os pés.
            os meus pés…
    os meus pés são enormes e eu sou tão pequenino…
    acho que não devíamos ter pés, os pés são um escândalo.
    os homens deviam andar com as mãos e de pernas para o ar!…
eu gostava de ter olhos onde tenho os pés… uns olhos lá em cima. um em cada extremidade da perna e as mãos pelo chão. sempre pelo chão…
            as mãos a correr como comboios!...
            tu, eu e os comboios…

 – eu, tu e os comboios?...

 – isso. compras-me os sapatos?

 – sapatos?...

 – sapatos como comboios…
eu gostava muito de ti
e
tu levavas-me ao jardim zoológico para comer chocolates e de

caminho compravas-me uns lindos sapatos todos em pele de jacaré.
isso. de jacaré!...
que achas?
e
quando fôssemos ao jardim zoológico, os bichos fugiam de nós com medo dos meus sapatos e…

 – e…

– e eu, agradecido, beijava os teus olhos.
não queres que beije os teus olhos?...
poderia beijar, então, o teu nariz…
não. o nariz não.
as pessoas não deveriam ter narizes.
nem narizes...
nem pés…
nem…
não achas que os pés e os narizes desfeiam as pessoas?
não?...
és sempre a mesma tonta, pões-te a ler o jornal…
ouve!...
é agora! vem aí o comboio!...

– não é o comboio.

– como sabes?

– sei.

– não sabes nada! dizes que sabes… e não sabes nada. nadinha. estou há horas a dizer que… a querer que…

– a querer?... que maçada... a querer o quê?...

- tu não gostas de mim. eu sei. do que tu gostas é de livros, de jornais... és incapaz de jogar ao berlinde, comigo. se jogasses ao berlinde comigo construiríamos uma história de amor e... as histórias de amor vendem-se muito bem, poderíamos ficar ricos.
Já viste?...
os dois ricos?...
poderíamos até comprar uma estação maior onde passassem muitos comboios. poderíamos brincar aos comboios elétricos!... que achas? brincávamos aos comboios elétricos... ou preferes jogar com os berlindes?

- ainda não chegou!

 - vai chegar. acredita em mim.
sabes que te detesto quando lês o jornal?
bem... detestar não digo. mas não te suporto... pareces parva.
não era capaz de te beijar a ler o jornal.
nem nos olhos.

 - nem nos olhos?!...

 - em lado nenhum...
sabes?... o comboio vai chegar.
é conduzido por uma mulher. uma mulher gorda como eu gosto... uma mulher grande que me devorará num abraço. uma mulher grande como uma mãe que me afogará entre as mamas. uma mulher-comboio que me abrirá caminhos por entre os labirintos--carruagens. então... ficarei a saber mais sobre os mistérios que os comboios encerram. ficarei a saber mais sobre comboios do que sei de ti.
tu és muito estranha... às vezes nem sei se... é isso!... tu és uma mulher cheia de portas. eu abro uma porta e julgo ter-te...
mas não.
há outra porta, outra e outra!... não consigo entrar. estás encerrada em ti mesmo. quem és tu? quem é essa mulher que se esconde atrás das portas? desse jornal?...
pois... não dizes nada. mas vais ver. o comboio vai chegar e eu entro. eu e o comboio seremos uma unidade. a unidade!
já estou a ver-te, cheia de ciúmes do comboio por acolher a minha carne dentro de si... depois, vais-me telefonar, mandar muitos mails e eu não respondo. desligarei o telefone e o computador...
roída de inveja e de ciúmes, ficarás embrulhada na merda do teu jornal e eu... eu, percorrerei o mundo sobre carris.
eu serei também parte do comboio que está a chegar. o comboio que vai parar nesta estação.
                aqui
e
                dentro de momentos.

 - eu sei. sempre soube. eu sei muito bem quem tu és.
sei...
ainda que julgues que não.
sei
e
aquilo que não sei
saberei quando entrares na segunda carruagem.
saberei o que me falta saber
porque tu entras nesse comboio

e
eu... como-o.
sim
vou comer o teu comboio contigo lá dentro...
e
  então serei eu, tu e o comboio!

- eu, tu e o comboio...

- precisamente.

- pois...
    e
    dirás que tens um estômago muito seletivo
    um estômago que destruirá tudo...
    tudo aquilo que é o comboio
e
    que ficarei apenas eu.
    eu
    a circular nas tuas entranhas
    nas tuas veias
e
    artérias...

- e poderás, até, visitar o meu coração. alimentar as minhas fantasias...
e eu...
    ordenarei as mil e uma histórias da tua vida
    o teu cérebro juntar-se-á ao meu num pensamento único

| os meus prazeres serão também | os teus prazeres |
| --- | --- |
| os teus desejos | os meus desejos |
| o que tu quiseres | farei |
| a minha vontade | será o teu gozo |
| seremos então | eu e tu... |

e
os teus segredos terríveis... serão também meus
a tua juventude divertirá o meu corpo
              como uma taça de bom vinho...
    seremos o relógio dum tempo
    um tempo-templo-corpo a gritar
    a gritar              sempre
e
    beberei à nossa saúde porque será

           o
        momento
     meu corpo pesa
   com a violência dos
  raios que ofuscam a vista
 os olhos encontrados no caminho
estendem-se para lá do derradeiro suspiro
desmedido é o prazer no aconchegante sepulcro
 não me é permitido já lembrar de mais nada
  os sonhos deixei-os à cabeceira da cama
  onde anunciam aos gritos o novo dia
   também eles badalam como fardos
    ressoam mui confortavelmente
     todos os dias antes de deitar
      levo a taça aos lábios
       só depois me dispo
         é
        bebo
         te
       exatamente
         assim
    enquanto penso e repenso

- mas...
    se morreres?...

- tu não morrerás
   tu rompes
   saltas de mim em direção ao espelho.
o espelho
      onde te contemplarás sempre...
oh!...
          narciso invejar-te-ia

*exibe-se demoradamente frente à porta, como se esta fosse um espelho. solta uma enorme gargalhada. reflete em seguida.*

- claro...
   e                   com ternura
   porque           viajei em ti
   e conheci
                        porque
tu sabias

*sai para trás da porta*

— engomo décadas de cartas, cortando sempre pelo trunfo
e
recebo-te
    sedenta
        de silêncios
    sedenta
recebo-te
e
    engomo décadas de cartas, cortando sempre pelo trunfo

*levanta-se e sai de cena.*

*volta a entrar, arrastando uma mala de viagem.*

1ª voz - a vida pesa...
ah!...
não há um só de nós
    que não possua um desejo por cumprir.

2ª voz - num labirinto de letras...
    a experiência do quotidiano
        r o m p e

enriquece-se
    extasia-se
oh!...
mas tu...
tu és...

— eu, sou!
    *(olhando a mala)* oh!...
        a minha mala está cheia de borboletas.

*Escuro*

*Cascais - Setembro de 2009*

nota: este texto foi levado aos palcos por "mandrágora"
estreia em lisboa no ano de 2003 - com os atores - bruno
vilão, marco ferro, ricardo mestre
responsável técnico - miguel matias
encenação - m. almeida e sousa

*Lameque está sentado frente a uma mesa triangular, a cabeça assente no tampo. Parece adormecido. Batte entra, arrastando uma mala de viagem enorme. Canta:*

O rosbife no braseiro
Mmmmm.... Mmmmmmm...
que delícia
que delícia
O notário está no jardim
Oh!.... Oh!... Oh!....
Não dará mais horas
Oh!.... Oh!... Oh!....
Não dará mais horas
Não dará mais horas

*Batte sai lentamente. Tão lentamente que causa náuseas. Lameque continua adormecido.*

Voz do interior – digo-te isto por mera vocação rítmica... a mulher do revisor vem todos os dias fazer-me a barba com o calor do coração.

*Lameque acorda de repente. Olha para todos os lados.*

Lameque – Onde se meteu ela? Onde?...
     Ah!...
     Que complexa elaboração histórica...
            geográfica...
            algébrica...

*Batte entra, apressado.*

Batte - Chamaste?

Lameque - Não.

Batte - E porquê?

Lameque - Porquê?

Batte - Sim.

Lameque - Que horas são?

Batte - Menos quatro.

Lameque - Erraste!...
    Erras sempre. São menos dez.

Batte - Como sabes?

Lameque - Simples percepção.

Batte - Não...

Lameque - Acabo de desmantelar eufemismos bastante divulgados; entre eles...
        hooooo... hooo...
        sonhava.
        estava no centro da galáxia imperial
        a que deu origem a uma multidão de ilhas flutuantes

Batte - Estou certo de que estamos condenados a ir mais além...
  muito mais além dos métodos empregues pelos recursos multiculturais.

Lameque - *(à parte)* Fagogitados pelos mercados pós-modernos. *(para Batte)* E o rosbife?...

Batte - Foi deitar-se, a esta hora dorme como um anjo.
        vou
        vou-me embora
        vou repousar
        debaixo do guarda-chuva da revolução industrial
    e
    pintarei o cabelo...
    o meu cabelo é o espelho do passado
    todo um retrato de uma época,
        uma época formidável e de enorme transcendência...

Lameque - Sim?!...

Batte - *(para o público)* Pobre Lameque...
        o recalcitrante Lameque
        envelhecido pelos seus próprios ideais.

Lameque - O rosbife?... Demora muito?
        Ah!.... Que século este!

Batte - Se espreitares o mundo através de uma janela, terás uma noção mais exata da dimensão do drama.

Lameque - Pois... tudo isso não passa de uma fonte geradora de caudais infinitos de palavras... e, para tua informação, o meu nome é Lameque! Lameque!...

Batte - Uma natureza distante
                          desenraizada e carregada de cepticismo.

Lameque - As tuas referências salpicam-te o discurso, não são casuais nem ornamentais. *(grita)* O rosbife?!...

Batte - Está no braseiro.
                     Que delícia... que...

Lameque - Quando estará ele pronto?...

Voz do interior - Ah!... Ah!... Como está quente o teu coração.
                  Ah!... Ah!...
Vivo um sonho demasiado doce e pensado para não ferir os mais vulneráveis.

*Entra Enoch com um escadote às costas. Monta-o, sobe-o e, no cimo, diz:*

O cão
O gato
O cão
E o gato

Tem gato
Tem cão
Tem gato
E cão

Com gato
Sem cão
Nem Gato

Há cão
E há gato
P'ra governaCão

Batte - Oh!...

Lameque - Que é isso?

Enoch - O meu último soneto. Uma obra extraordinária onde se refletem imagens prenhes de saber universal...

                extraordinário!...
cada verso...
                uma armadilha planetária,
                cheia de gatos voadores...
                unicórnios...
                dragões...
        um plano de ação com vista à rentabilidade poética...
        uma paragem pétrea, de aridez extrema
        uma síntese diáfana!...
O sentido da representação do amor cortês... *(longa pausa)*
Aaaaah!...       o transporte por longitudes desconhecidas...

*Desce do escadote e sai. Escuro. A cena abre com foco sobre Batte que está de joelhos frente ao público. Junto, um recipiente com água.*
*Derrama-a suavemente sobre os cabelos.*

Batte -  O meu cabelo é o espelho do passado...
         O meu cabelo é o espelho do passado...
         O meu cabelo é o espelho do passado...
                    e no entanto ela move-se. gira.
ainda que ao longe            é prazer
                              a tua voz
escorre pelos meus cabelos e...    ao ouvi-la
ainda que ao longe            é ver-te
assim                              nua
                              imagino-te e então
a narrativa jamais transmitirá essa sensação própria e única de um sonho
                demasiado doce
                demasiado
                                doce

Voz - Todo o ser vivo se encontrava em terra firme...

Batte - caiu... sim... e              morreu
     foi como se não tivesse sido
       porque procedia conforme sua vontade

Lameque - *(entrando)* Não sentes a presença de uma enigmática figura do outro lado da porta?

Batte - Apenas vislumbro aquela que, repetidamente, lambe as chamas que consomem as velhas e disfuncionais formas do passado.
       Ah!...
       Sempre se revela tão intensamente com as suas astúcias
                                    seus disfarces
consigo captar ainda

e     com alguma facilidade... os seus relatos... transformam uma e outra vez o marco épico. A sua voz pertence a um desses momentos em que tudo é capaz de se valer a si próprio...

Lameque - O universo é uma casca de noz.

Batte - Sim...

Lameque - Sim!... E as vozes sentem-se.

Batte - As vozes ouvem-se.

Lameque - Sim... sim. sim.

Batte - Pois...
Lameque - Pois sim!... É ela.

Batte - Canta!... Ouves como ela canta?!... *(canta baixo, Lameque acompanha Batte numa segunda passagem)*
    O rosbife no braseiro
    Mmmmm.... Mmmmmmm...
    que delícia
    que delícia
    O notário está no jardim
    Oh!.... Oh!... Oh!....
    Não dará mais horas
    Oh!.... Oh!... Oh!....
    Não dará mais horas
    Não dará mais horas

Lameque - Construímos um universo onde os conflitos não são escassos.
    chamas
    redes
    espirais
    cruzes
    figuras e membros humanos
      recipientes e tubagens de laboratório...
 e
as personagens habitam uma floresta distante.
Nas mãos, podemos colocar-lhes facas com vestígios de sangue.
Ah!...
   que música...
   que música...    Aaaaaah!...

Batte - Então, direi:
- As cornucópias sentem o vento soprar nas orelhas... leem, por vezes, notícias nos jornais...

   e...       desta forma
   graças à assimetria...
   poderemos chegar à identificação dos corpos celestes compostos por antimatéria.
   Sempre que esses corpos sejam visíveis, como pretendem alguns cientistas - baseando-se nas irradiações que emitem - devemos agarrá-los e fotografá-los com câmaras domésticas
     e
uma vez obtidas as fotos que poderão vir um dia a tornar-se...
   Penso adaptar-me a esta nova situação com alguma facilidade.
Disseste tu.

Lameque - Foi no momento em que o comboio cruzou o espaço, numa rapidez algo desesperante.
   estava obcecado pela poesia das máquinas.

Batte - Eu não disse nada.
     Melhor: disse pouco.
disse: - como foi possível!?...
e continuei: - segundo o novo paradigma, a consciência foi primeiro e a evolução depois
   estamos perante uma situação que
         sem dúvida
   dará lugar a uma espécie de revolução
   uma revolução de insuspeitas consequências
        não só no mundo da ciência
      mas também em todos os aspectos da vida.

*Aqui deverá entrar Enoch, que fará coro com Batte*

Batte e Enoch - Estamos a bordo da Nova Era
      a Era do mundo aberto ao meio...
   um mundo aberto a um Eu e capaz de desempenhar o seu papel a nível superior.
Cada meta que a humanidade alcança é um novo começar
e
     a totalidade da história não é mais que...
     uma máquina para gerar e gerir sonhos lúcidos.

Lameque - Uma máquina...
     revelava-se toda a complexidade, toda a riqueza.
     Tantos conflitos... secretos?

Batte - Aos quinze anos éramos parcos em palavras...
     durante largos períodos parecíamos mudos.

             e
     a tua poesia deslizava por caminhos de dupla identidade.
     Uma identidade cruzada
            indiciadora de um quase ajuste de contas.

Lameque - Escrevia-a, nessa altura, nas carruagens de 3ª classe.
Resultava uma escrita trémula
     reveladora de um carinho profundo. umbilical...

Batte - Uma escrita forte.
        Tão forte como incomunicável
       tão centripta como absorvente.

Lameque - Nunca pensei nisso. Assim...

Batte - Era.

Lameque - Talvez...

Batte - Uma escrita herdeira de mundos limitados...
                      enclausurados
                      domésticos
                      obscuros
o retrato da penumbra de arquiteturas populares... a ruína
o mal passar nas fábricas, a sordidez que chega no limite da fuga...

Lameque - Os bancos da 3ª classe eram de pau. Duros...

Batte - Os poemas apresentavam-se de forma magnífica.

Lameque - Disse-os uma vez no café da estação.

Batte - Estou lembrado.

Lameque - Disse:... - O pensamento é contagioso, vicioso, viral.

Batte - Ah!... A magnífica forma de como a voz se transformava...

Lameque - Outras não.

Batte - Como?

Lameque - Outras vezes pode existir uma causa objetiva que afete
uma situação, mas a verdade voluptuosa acentua os danos
                            a partir do pensamento...

Enoch - Os arquétipos que se manipulam ultimamente em literatura
                            interessam-me pouco.

Lameque -  Não é verdade!?...

Enoch - O pânico, sim.

Batte -  O pânico?

Enoch - Claro, o pânico.
Ah!... e o caos.

Lameque -  Não posso crer.

Enoch - Sim, o pânico e o...

Batte -  O pânico?...

Enoch - O pânico produz-se tal como uma concupiscência gostosa na nossa própria carne. O pânico reproduz-se no tumulto como uma substância primitiva. É uma energia telúrica que nos envia às origens remotas da vida.

Lameque -  Assim como... um animal com cio?...

Enoch - O pânico é um aditivo extraordinariamente eficaz determina condutas implacáveis e momentos únicos... deslumbrantes.
 uma enorme copulação terrorista!...

Batte - *(saindo)* - Em cada sonho tu foges.
 Há pássaros nos teus sonhos...
 nos teus olhos.

Enoch - ergue-se por entre os frutos, um cipreste patético exibindo aquele ar transgressor que muitas vezes te incomoda sem que te seja, de todo, desagradável.

*Escuro.*

Lameque - com vista à preservação das instalações...
disse ela com a voz trémula.
 - o edifício é circundado por outros edifícios e zonas de relevo histórico-patrimonial.
afirmou ele.
e
 a conversa continuou assim no ora diz ela, ora diz ele
e
 ambos concluíram que, através dos diversos modelos,
e
 disponibilizados os meios...

        muito gostariam de experimentar uma arma de sedução.
        assim foi.
        então contaram de 1 a 100, em coro
        voltaram a contar de 100 a 300, desta vez individualmente
e
        só depois resolveram redescobrir o prazer de dançar a dois.
        ele começou por lamber a orelha dela
        ela mordiscou o nariz dele
e
 concluída a sessão, refletiram: - "esta ação é toda pelo chão, frontal...
        como se tivéssemos consumado um desejo horizontal"
e      voltaram às contas
        às euforias
        aos sons
e
        os sons a que se referiam eram
        de fato... música
        a música que lhes facilitava as contas, as danças
e
        consequentemente
        as euforias...
        pronto. tudo podia começar assim, se nos propuséssemos a entrar
ou navegar por um romance dentro.
        mas não,
        os nossos desejos vão mais
        muito mais longe
e
        também não é a arquitetura o nosso objetivo
        pelo menos a arquitetura de um qualquer edifício urbano
porque
        o lamber de orelhas pode ser agradável...
        para quem lambe
        para quem é lambido
        não para nós que em horário nobre
        garantimos a reconstrução de uma obra inteligente
        uma obra que atravesse o tempo em que duendes e fadas povoem o imaginário dos homens
e
        que
        sem preconceitos...
possam vir a transportar esses tempos de paganismo aos nossos dias.

*Entra Enoch, que brinca no chão com as pedras da calçada. Depois, Batte, em passo de corrida, canta.*

Batte - Olhar sem ideias
    Evitar
    mesmo as poéticas ideias
    escrever
    rescrever
    porque corre
    cada palavra
    o risco de ser uma palavra mais
    abturum
    arrrruuuummmm
    artrumitov
    aoooooliov atummmm
    frágil será o poroso lamento

*Batte vira-se para Lameque.*

    - No silêncio, a dimensão do espaço adquire mais importância.
O orifício tem um quilómetro e meio de comprido e, em alguns pontos, cinquenta metros de largo. No entanto, as medidas geométricas pouca importância têm... é como se estivéssemos dentro de um corpo. Respiramos. Tudo, tudo respira.
As pedras que se elevam, que sobressaem das paredes circundantes, têm a cor da carne, das entranhas... alaranjadas, viscosas...
à superfície brilham como se estivessem cobertas de suor.
Há mais espaço vazio, mais segredos, mais silêncio...
Há, talvez, mais cumplicidade com o obscuro, com o mágico...
O olhar percorre tudo e tudo não faz sentido.

Lameque - Na obscuridade, o silêncio cintila como uma pequena estrela.

Enoch - Ah!... O medo. Lá dentro, ele está sempre presente.

Lameque - No entanto, em perfeito equilíbrio com
                                      um sentimento de proteção.

Batte - Assim é. Mas advirto: não estive presente nessas reuniões.
                Compareci somente para entregar o meu relatório.
Os pássaros que sobrevoam todas as manhãs os meus sonhos...
Penso que a arte...

Lameque - O talento do artista acompanha a arte... Ela, o desejo dele.
Um desejo gravado num sigilo e encaminhado aos deuses primeiros.

Enoch - Um dia, ainda recebemos uma carta sem remetente.
Nela, o escriba garante gostar mais da noite do que dos dias...
Causa-me estranheza que as persianas estejam subidas.
Mas, sinceramente, não dou grande importância ao fato. *(sai)*

Batte - Ah! esse permanente estado de enamoramento não é mais que uma efervescência sentimental cujo impulso erótico se dissolve numa disposição cordial e se dirige, antes da posse, a um estado simpático, tanto físico quanto espiritual.

Lameque - Sim?... E se....

Batte - Nem penses nisso.

Lameque - Então está bem. Queres um chocolate?

Batte - Não.

Lameque - É justo. Bom...

Batte - Que vais fazer?

Lameque - Gritar aos sete ventos:
- Porque não posso eu viver assim e assim acabar os meus dias?... Porque razão não posso eu ocupar o regaço da grande deusa e nele bailar, cantar, ensaiar outras orações e com ela subir ao caos?

Enoch *(espreitando)* - Por vezes o anedótico rompe a intensidade de uma vida sem pausas.

*Escuro. Os atores estão de pé frente ao público, ouve-se uma voz que debita palavras imperceptíveis, como se fosse um discurso ao contrário... Ao longo da transmissão sonora, os atores movimentam os maxilares de forma exagerada.*

Lameque - O prazer de um monólogo interior que ostente uma liberdade perigosa e efémera, fantástica e cercada...

Enoch - Pois... e até que irrompa a marca registada do sobrenatural.

Batte - Um monólogo assim, demasiado simbólico... talvez para que mais tarde, quando captado, seja descodificado.
Arminovimmm
Novimm
Armov
Alti Alti Alti
Karis Kar Kaaaarrrr
*(pequena pausa)* Apenas existe uma tradução em francês.

Lameque - Também me parecia...

Batte - Comprei-a ontem ao jardineiro. Hoje, acordei com o quarto cheio de rouxinóis.

Lameque - Um e outro. Assobios como relógios. Luas cheias de branco e a espuma a subir. Um e o outro. A subir...

Enoch - A subir... a subir... a subir sempre.

Batte - E... de tal modo que um seja reflexo do outro. *(longa pausa)*
Há muito que não perguntas pelo rosbife... *(cantam em coro)*
O rosbife no braseiro
Mmmmm.... Mmmmmmm...
que delícia
que delícia
O notário está no jardim
Oh!.... Oh!... Oh!....
Não dará mais horas
Oh!.... Oh!... Oh!....
Não dará mais horas
Não dará mais horas

Lameque - Os mapas arquivados na memória
     nem sempre são explícitos e conscientes
     muitas vezes são até esquecidos
e                        submersos nas nuvens
     ou submetidos?...
     haaaa!... a memória das ambiências placentárias
tudo isso faz parte da incapacidade do homem... para quê um rosbife nesta paisagem?... Por acaso, um rosbife...
Já deviam ter percebido que a minha questão primeira prende-se com o visual, o sonoro, o olfativo, o táctil...
 ohhhh!.....
 meus muito caros amigos.
Oh! Oh! Oh!...
As órbitas do coração
Oh! Oh! Oh! Oh!...
Eclipsam, meu amor profundo
Pró fundo
Pró fundo
Oh! Oh! Oh!...
Sinto a língua onde nem todos alcançam a profundidade
Oh! Oh! Oh!...
Pró fundo da idade
Oh! Oh! Oh!...
Oh! Oh! Oh!...

Que linda trilogia

Enoch - Estou em absoluto... em, como direi.... em... em, ahhhhh!... Porra!...

*Escuro. Passa Enoch, com um aquário cheio de peixes de plástico. Batte tira um peixe. Olha para o peixe e solta uma gargalhada. A cena volta a escurecer. Na penumbra vê-se Batte, que atravessa a cena aos gritos. Depois passa Lameque, aos tiros de carabina.*

Batte - *(no centro da cena)* Oh!... Isto de ter que esperar pelos sonhos dos outros é uma chatice.

Enoch - Há em todas as vidas um recomeçar...
                    Quê?!... nos limites da nova modernidade?...

Batte - Penso não poder explicar. Porque tudo é evocativo
todas as letras foram riscadas na água, de onde gritam    fugidias...
Digere-me ou devoro-te!
Disse-o um dia...
Um dia quente...                Um dia em que borbulhava a morte.

Lameque - Tu, o agente
O reformador das distorcidas imagens em ti programadas...
és imprevisível.
Torces o universo                iludindo-nos
como se fosses o Nada...
o Nada que reflete a luz no fundo de um poço profundo
Pró fundo
Pró
Pró fundo...
E Ele, o que abriu a luz por detrás de um elegante quadro
Ele, o que leva por diante todas as narrativas
esconde um drama nacional terrível onde paira muitas vezes...
                                        o desamor
padrões escalares
reflexão do simpático...
banha-nos com tuas ilusões.                        Peço.
Para que possamos mais facilmente carregar o destemor
        a força...                                  o amor...
Quem planeou o crime?

Batte - Sei pouco. Mais tarde, mais tarde pergunta-me.

*Saltam como loucos e devoram um pão vermelho que cai do espaço. Por fim, Lameque cai exausto. Batte escreve no vento.*

Batte - cabe ao homem criar condições que lhe permitam a sobrevivência numa sociedade em constante progresso.
        pensou ela.
        mas o seu pensamento não obteve resposta, estava só.
        então pensou
e
        repensou.
pensou muitas coisas         repensou  muitas mais
e
        explorou todos os recursos.     nada.
        absolutamente     nada.
        então imaginou-se
e
        viu-se
            sentiu-se
            percebeu-se
    ela era de fato a deusa primitiva, a criadora do universo. a unidade.
        então choveu um pouco
e
        os pássaros repousaram.     uma pausa.
        uma pausa não demasiado longa, mas   uma pausa.
e
        é aqui que nos apercebemos de maria.
        maria não é marta
e
        logicamente marta não será maria.
        maria é a clandestina que marta, victor
e
        agator conhecem bem.
e
        maria. que se mantém clandestina para ser mais giro.
        de vez em quando muda de estatuto ontológico
e
        tudo fica mais claro, mais bonito
e
        depois, volta a ficar mais escuro.     clandestino.

Lameque *(como que acordando)* - dificilmente se percebe se é apenas para evitar o enjoar.
            é inevitável aqui     a novela marítima.
por fim, inicia-se a homenagem ao celebrado filme
e
        marta diz: - percebe?...

e
        victor que estava ausente da cena diz: - não senhor!...
e
        pronto.
postas as coisas nos seus lugares, marta corre na direção da doca seca com maria atrás das saias. o paquete soltou as amarras
e
        as duas acenam com a mão esquerda para agator.
                agator vê-se lá em cima. na ponte
        fuma um delicioso PURO enquanto medita - o pensamento tem essas propriedades corporais

Enoch - e ao pensamento vem a imagem do sorriso enigmático de uma gioconda.
- quando for grande quero ser papa!
                        disse ainda agator
e                        surgiu nele um ponto de interrogação

Batte - que merda!... para quê ser papa?
        gritou ele. forte, lá de cima. do barco.
        maria e marta, cá em baixo, ouviram:
                        - para quê ser papa?...
nas suas cabeças germinou ao mesmo tempo a construção de um coro - resposta. um coro - resposta - revólver.
e        dispararam:
            - para teres vestidos compridos cheios de rendas
            - para teres uma guarda Suíça de saltos altos
            - para teres muitos anéis nos dedos
        então o navio lançou toneladas de fumo branco para o céu
e
        anjos pálidos                e belos
fizeram-se ouvir
        maria virou as costas aos acontecimentos
e        abraçou definitivamente a clandestinidade
marta, porém, suicidou-se.
        ali. no cais.
        agator, desejoso de ser papa, perdeu-se nas ruas de São Francisco.

*Escuro. Enoch está agora sentado numa cadeira de repouso. Ouve música chinesa num velho rádio. Quando a música para, ouve-se uma voz com ruídos de fundo.*

Voz - as operações não estão isentas de perigo. temos que agir!... sempre!
é extremamente desaconselhável fazer destas palavras um passatempo...uma experiência... ninguém se diverte impunemente

com os mistérios aqui revelados! nunca!...
    quando sair, vá para casa e pense...
    isto é sério. muito sério...
    não ceda ao desejo de convencer os outros de que o que viu é, de fato, um espectáculo...
    nada disso!...
    mais tarde. mas muito mais tarde. verificará que os efeitos mais surpreendentes aqui revelados, nunca serão suficientes como prova.
pelo menos para as pessoas pouco experientes nestas coisas... também não iremos mostrar prodígios para que acredite na seriedade destas palavras
    nada disso. seria indigno da nossa parte!...
    a tradição sempre recomendou o silêncio...
    o verdadeiro homem está acima de todas as fraquezas e
    muitas vezes
    oculto por muros artificiais...
    oculto por muros artificiais...

*O espaço escurece suavemente.*

**Epílogo**

Batte - Então... só então aparece uma foto do suposto inocente junto dos indiscutíveis culpados. A preocupação é evidente e o detetive responsável pelo caso propõe um plano para reconstituir o crime e resolver a situação.

Lameque - Como?

Batte - Bem...

Enoch - Como foi?

Batte - Digamos que foi difícil. Muito. Muito mesmo...

Lameque - Claro, entendo.

Enoch - Pois.

Batte - Estão a ver?!... *(exibe um revólver)*

Lameque - Um revólver?

*Batte dispara dois tiros sobre Enoch. Escuro.*

Voz - As órbitas do coração. Era o Título, depois seguia-se um pequeno texto... assim: - Esse constante gravitar em torno de uma figura que está próxima de nós e, no entanto, tão inalcançável...

*Recorte de luz sobre Lameque.*

Lameque - No silêncio há ondas que refletem os acontecimentos passados. Então escrevo:
cosef
trigul
tip
rumbac
bardpest
josbuq
fand
tip
tip

são escritos com capacidades mágicas, fórmulas propiciatórias, sortilégios, talismãs... mas... as cartas também me serviram para difundir as últimas notícias, experiências, observações, hipóteses, teorias, previsões...
o mesmo será dizer: práticas pertencentes ao domínio das ideias.
repito então esta escrita desenvolvida com perícia
e em curva pronunciada:...
cosef
trigul
tip
rumbac
bardpest
josbuq
fand
tip
tip

*Sobrepõe-se uma gravação da voz de Enoch às palavras repetitivas de Lameque.*

Voz de Enoch - Então Ele calçou as sandálias e atravessou as areias quentes do deserto. Aí. no areal, se quedou por sete dias e sete noites.
e... provocou a colisão de dois universos que, ao acoplarem-se, geraram novos dramas e tragédias. tragédias que nos remetem a mitos e lendas populares... recursos delirantes e a novos estágios fermentados no interior labiríntico da cabeça e... ao ritmo do pulsar do coração.

*No final, Lameque e Batte deverão envolver-se numa luta pela posse do revólver que ficou no chão, junto ao corpo de Enoch. Lameque, que consegue a posse da arma.*

Lameque - Estás preso!...

*Escuro total.*

*Cascais 2002/3*

## I quadro

Uma voz - O dia de hoje foi marcado pelo caos na região centro. No entanto, a situação voltou ao normal nas principais cidades. A onda de atentados do comando terrorista provocou a fuga e o pânico dos funcionários do Ministério das Finanças e dos frequentadores da zona comercial da capital. Uma granada de mão, de utilização exclusiva das Forças Armadas, foi atirada contra as janelas do gabinete do ministro. A polícia militar foi mobilizada e isolou o local. A granada é, segundo informaram as autoridades, do modelo M-9, o mesmo que no início do mês foi detectado pela polícia municipal nos jardins da cidade universitária.

*a cena é iluminada, uma das personagens (vulcano) estende uma fita plástica envolvendo todo o espaço cénico. no chão, um corpo (prometeu) coberto por um lençol branco. vulcano sai. entra pandora, com uma caixa. senta-se e coloca a caixa sobre os joelhos. tenta abri-la. não consegue. segunda tentativa, sem êxito. o corpo move-se. pandora olha. vê-se a cabeça de prometeu. espreita. olha para todos os lados.*

prometeu - já foi?

pandora - quê?

prometeu - vulcano.

pandora - ah!...

prometeu - já foi?

pandora - sim... mas não consigo abrir esta caixa.

prometeu - ótimo.

*prometeu ergue-se, os seus braços estão atados com fitas idênticas às que cercam o espaço cénico.*

pandora - quem te fez isso?

prometeu - vulcano.

pandora - ah!... *(puxa de um cigarro)* tens lume?

prometeu - claro.

pandora - acende-me o cigarro.

prometeu - não posso.

pandora - não?

prometeu - não.

pandora - pois... *(pausa longa)*
                        estás preso...

prometeu - ainda que queira... não te posso acender o cigarro.

pandora - pois não... estou a ver. mas...

prometeu - mas...

pandora - é que tenho uma tesoura.

prometeu - daria jeito.

pandora - desobedeceria a júpiter.
tu roubaste os seus projetos para a construção de uma casa de papel
e
permitiste que
as rainhas da luz construíssem o seu império
que
protegessem os peitos com laxantes
que
adornassem o sexo com imagens de relógios
                        para voltarem a ser comercializados na rua.

prometeu - mas aprendi
a oferecer-me frente ao espelho
a olhar pela janela
a sorrir
e
a chorar
porque
os carros param quando cavalgados...

pandora - os deuses...? *(longa pausa. exibe uma tesoura)* vê!...
a minha tesoura.
vou cortar todas as amarras a resguardo dos olhares indiscretos

*corta as fitas que ligam os braços de prometeu*

prometeu - recordemos
e

revivamos o fogo mútuo
                na obscuridade o farol acertou a luz
e
o barco atracou num porto seguro
ah!...
pandora, pandora...
foste prometida a meu irmão, mas a mim...

pandora - aquela caixa foi uma oferenda de júpiter...
                            o meu presente de núpcias.

prometeu - sabes do seu conteúdo?...

pandora - não...

prometeu - mas sabes que te amo?...
                que és especial para mim?...
e
que de todas... te elegi?...

pandora - *(confusa)* uma romã.
            a caixa tem uma romã
e
            sementes para os homens...
                uma bela caixa, esta.

prometeu - hércules.
            também ele aí está.

pandora - como sabes?

prometeu - esqueces que eu vejo
e
prevejo?
que penso
            antes?

pandora - pois... a *philosophia*. acende o meu cigarro.

*prometeu leva a mão ao bolso, ação desajeitada, das suas mãos caem várias caixas de fósforos e isqueiros...*
*por fim, com um dos isqueiros acende o cigarro de pandora.*

prometeu - *(meditando)* as inglesas ficam geladas
           doridas
e

as pedras são sintoma de fígado
em mau estado...

pandora - que dizes?

prometeu - tenho uma águia
e... uma fábrica de explosivos.
fabricamos também fósforos e isqueiros...

pandora - uma águia...

prometeu - alimenta-se do meu fígado.
deve chegar dentro de minutos... é pontual.
todos os dias às cinco da tarde.
os horários têm de ser escrupulosamente cumpridos. nem um segundo de atraso...

pandora - uma águia... sei... a comissão de horários do Olimpo é...

prometeu - os nossos líderes jazem
e
arrefecem
já posso entrar no ninho das víboras

## II quadro

*vulcano entra, retoca o espaço cénico. no chão, prometeu coberto pelo lençol branco, como no início do I quadro. pandora está sentada com a caixa sobre os joelhos.*

vulcano - sinto-me sem coragem para maltratar um deus meu parente...
é bem contra minha vontade fazê-lo.

pandora - roubamos o fogo
e convertemo-nos em deuses...

vulcano - pandora... tu nada sabes.
os deuses
saciaram-se com o veneno que habitava o seu corpo. *(apontando o corpo de prometeu)* ... o sangue dos deuses tem o gosto das toranjas

pandora - os abusadores violentos são a questão primeira do poder
o mesmo será dizer; há uma tradição sexual de integração através da pirataria.
e a pirataria...

vulcano - as aves devoram-nos o fígado.

pandora - sois um filho de puta...

vulcano - eu sei... *(gargalhada)* mas tu não sabes que...
    uma fração do corpo teu obstrui e danifica os teus pensamentos.
talvez por seres muito lenta no voo.

pandora - se nota que me amas... me voy. *(sai muito lentamente)*

vulcano - à luz do dia
                              descubro minha
a esperança de ser corsário
                              de ser pirata
de ser aquele homem feroz que estende a roupa quando a esposa morre frente ao televisor.
pois...
a culpa é uma obra prima inacabada.

prometeu *(debaixo do pano)* - sinto-me tão diferente...
corre
corre
corre
corre                            pelo campo de milho
        virás porque o desejo
e
porque os deuses e todos os pecados do mundo dormiram na minha cama

*escuro. som de guizos e buzinas.*


## III quadro

*prometeu está sentado. com um canivete descasca uma laranja que comerá durante a cena.*

prometeu - júpiter é rígido, bem o sei...
a sua vontade é, para ele, a justiça.
no entanto
e
na iminência de imprevistos golpes
a sua cólera indomável será aplacada
e                                  virá em meu socorro.
oh!...
e, porque não? em busca da minha amizade. *(pausa)*

um dactilógrafo trabalha com o centro do movimento na velha máquina de escrever...
pode equivocar-se
e                                              trocar...
a tecla.
é.
é isso... *(pausa)*
depois, alguns anos depois...
levo as mãos aos bolsos
e                                              ... estou nu.
suavemente, retiro as parcelas do teu corpo que ainda guardo religiosamente
e
penduro-as na parede
onde, há séculos, um guarda-sol enorme, que usava para pescar "coisas" no limiar do cordão umbilical, construiu a sua teia.
os deuses não precisam de razões
os deuses não precisam de
os deuses não precisam
os deuses não
os deuses
tudo o que querem está dentro de mim.
a revolução, hoje, consiste no consumir
e
aos gritos vamos fazendo estragos
porque
as meninas bonitas lambem gelados de nata
e
olhando-as
roubamos o fogo
e
convertemo-nos em deuses
convertemo-nos em deuses
convertemo-nos em deuses
convertemo-nos em deuses

*pandora atravessa o espaço ao fundo. a sua passagem é extremamente lenta, a sua voz deverá soar como um eco.*

pandora - a noção do eu é volátil...
            deita-se muitas noites com as tuas palavras
em liberdade sempre
em libertinagem              muitas outras vezes    *(sai)*

prometeu - os doces angelicais sorriem
            escorrem como leite pelos cânticos de teus lábios
tu...

tens um odor estranho a cetim
                             com lantejoulas
e
emudeces diante das minhas palavras
                    depiladas
         afogas-te todos os dias num mar de dúvidas e triciclos
viúvos
frente ao muro da castidade

*passam helicópteros na cena. prometeu grita. ouve-se uma área de ópera.*

## IV quadro

*os atores estão de costas para os espectadores. no seu alinhamento, frente ao público, estantes de orquestra.*
*todos, de forma ritmada e coordenada, gesticulam em direção ao fundo da cena.*
*surge um foco de luz que circula com alguma rapidez, semelhante ao de uma ambulância.*
*de repente, todos se viram para o público e iniciam um concerto caótico com pequenas cornetas de plástico. param e soltam um grito estridente. voltam a tocar com as cornetas de plástico, sem qualquer preocupação de conjunto.*
*pausa longa.*
*um dos atores destaca-se para iniciar a leitura de uma pauta colocada nas estantes*
*poderão repetir várias vezes a acção vocal - ou reinventá-la.*

| Ator 1 | ator 2 | ator 3 | atriz 1 | atriz 2 |
|---|---|---|---|---|
| paaap... pá | piiiiii irrriii | lop lioooop | ó ó ó ó óóóp | i-i-i-i iip |
| riuuuuu riiii | ytréém trrré | guizos | guizos | i-i-i-i-i iiiip |
| riii liiii iii | tró ró-tró-óó | corneta | guizos | ri i-i iiiip |
| tró-tróóó ááp | rriiip ip iiiip | corneta | ip iiiipriuuu | iiiip uuup |

*os atores sentam-se no chão. um deles agarra num jornal e chama a atenção dos restantes. mantém-se assim durante algum tempo. uma atriz levanta-se.*

atriz 1 - na última vez que fui a londres, um ser horrendo visitou-me... foi curioso.
o indivíduo aparentava ter cerca de cinquenta anos. era gordo e a sua pele, suada.

vestia uma camisa negra com manchas da transpiração.
os cabelos compridos e gordurosos...
era feio, mas... penso que feliz.
entrou no meu domicílio.
eu...                               nua.
apenas o meu chapéu alto...
o chapéu deixava escorrer estes negros e longos cabelos. enrolei uma
toalha ao redor da cintura... ele nem reparou em mim.
o seu olhar fixou-se, como hipnotizado, nos limões que escorriam
pelas paredes da habitação.             é sempre assim...
quando o sol atravessa as janelas, os limões amarelecem e caem
pegajosos.
a casa de uma bruxa... tem muitos espelhos.
e                                  o que desejas... vês.

*a actriz dirige-se para fora de cena.*

ator 1 - onde vais?

atriz 1 - vês o que desejas. depois... afastas-te para longe.

ator 2 - é o que vais fazer?

atriz 1 - nem mais!...

ator 2 - uma casa de caramelo emitindo sons de tuba...
uma casa...
          ... o tempo diverte-se à nossa custa.
quando atrasados...             corre mais rápido.
se queremos que acelere...      rasteja.
um dia perco a paciência e      processarei os relojoeiros.
todos.
sim. todos.
agora...
        vem aqui.              aproxima-te!

atriz 2 - tu... és uma sombra    um reflexo de mim...
demonstras a mesma falta de jeito com a língua...
                              ... que tens com as mãos

*a cena é interrompida pela passagem de um manequim de montra
arrastado por cordas. a cena escurece ao som de ritmo de jazz.*

## V quadro

*entram todos os atores em cena. transportam consigo palha que amontoam no espaço. prometeu, atrás dum grande vidro, enche a boca de água. borrifa o vidro - ato repetido. os atores saem. pandora, com uma grande saia rodada, senta-se sobre a palha.*

pandora - passávamos os dias nus nas cercanias da cidade... esperávamos que as aves trouxessem suas vergonhas, seus relógios, seu sémen...
a carne putrefacta liberta um odor rançoso
mas...                                    por vezes... até agradável

prometeu - ah!... a vida não é fácil...
mas... o excesso de açúcar provoca-me ataques repentinos de canibalismo.

pandora - toca-me com as mãos
              quero saborear o orgulho dos amantes

prometeu - bastaria roçar a face com os teus cabelos
      para disparar aquela frase cujo significado só tu e eu conhecemos

pandora - e seria como se nos encontrássemos hoje pela primeira vez...
muitos foram os beijos
                          poucos vivi.
muitos foram os encontros
                          mais os desencontros.
roubaste-me o coração!?...
                          aqui...
que fazes, meu amor?

prometeu - acaricio a paisagem onde os meus olhos repousam.
pandora - e eu... choco o nosso ovo. traço o nosso futuro...

prometeu - oh!... finalmente o nosso filho nascerá!... que nome lhe daremos? jasmim?

pandora - não. pantagruel.

prometeu - não. isequiel.

pandora - não. ismael.

prometeu - não. farnel.

pandora - não. isabel.

prometeu - não. malaquias.

pandora - não. matias.

prometeu - não. elias.

pandora - não. beatriz.

prometeu - não. hércules.

pandora - sim.

prometeu - sim.

vulcano *(entrando)* - não... não... hércules, não... *(chora) hércules é filho de júpiter e alcmena...* não. não pode ser!...

*choro mais forte enquanto sai de cena*

prometeu - sim. ele matará a minha águia e eu ficarei livre...

pandora - sim. este ovo é já um herói...

hércules *(espreitando por baixo das saias de pandora)* - mãe!... pai!... vou matar leões!... águias!... enfrentarei tudo...
e
lá terei de cumprir os trabalhos...!
    sete trabalhos, não é?

pandora - doze, meu querido. doze trabalhinhos...
    tão lindo, o nosso filho.

prometeu - vai ser arquiteto.

pandora - só pode!...

uma voz *(frase repetida várias vezes)* - os acidentes divulgados neste palco não se prestam a satisfazer a curiosidade popular ou a qualquer instinto mórbido da natureza humana...

*escuro*

## VI quadro

*música. hércules dança.*
*vulcano cruza a cena várias vezes, sempre a chorar.*
*pandora, sentada na palha, retoca a maquilhagem.*
*prometeu cola no vidro húmido recortes de jornais. um telefone móvel toca.*

hércules *(atende o telefone, sem parar de dançar)* - não sou assim, tão...
mas gosto de te ver amedrontada. sem saber que dizer.
se gosto de ti?...
não sejas tonta...
apenas gosto de mim.
de mim!...
não!... não é verdade.
até gosto.
vou esboçar um sorriso, queres?
pode ser...                                         alegre?
                                                    sedutor?
                                                    triste?
nem tu sabes                                        do nosso amor...
sabes?
nada!...                                            agora nada
porque                                              a minha vida é o mar
digo-o eu
digo-o eu
digo-o eu                                           quando acaricio o leão
digo-o eu                                           quando acaricio a águia
digo-o eu                                           quando acaricio os teus
cabelos

prometeu - está bonito, não?... muito formoso hoje, o nosso campeão.

hércules *(continuando a dançar)* -não. não quero sapatos. e permanecerei uma boa temporada dançando...

pandora - quem falou de sapatos? hoje e sempre, me refiro ao mar.
                                        está bonito, o mar...
... deixem-me terminar a maquilhagem em paz.

prometeu - por muito que te mostres...

hércules *(acelerando o ritmo de dança até ao desfalecer)* - eu, eu e eu...

foda-se!
soldadinho de chumbo
soldadinho de chumbo
soldadinho de chumbo
soldadinho de chumbo
soldadinho de chumbo
soldadinho de chumbo
és um cabrão!

*ouve-se um tiroteio e uma voz que diz: - os poemas para crianças podem devorar o autor e as crianças.*

## VII quadro

*as personagens caminham no espaço cénico. escuro. vento. ao fundo, vislumbra-se um pequeno foco de luz. neste caminhar, as personagens vão caindo pelo chão.*
*ouve-se uma velha máquina de escrever. uma figura destaca-se - hércules; as outras vão saindo lentamente. a luz sobe.*

hércules - derrama tua dor em minhas pálpebras
e
os meus olhos chorarão com as tuas lágrimas de orvalho
as que escorrem por entre teus poros invadindo meu ventre saudoso
de ti
ti
ti
tíbios lábios
e
tu
tu
tuas mãos por essas desbravadas emoções
e...
dos meus cabelos
insistes que são teias que te aprisionam
aqui
aqui.
oh!...                                              por ti
                                                    por tua causa
e
tudo fica assim                                     ofegante
                                                    suplicante
por um beijo teu.                                         não este

prometeu *(entrando)* - apaixonado?!

hércules - sinto-o tanto que mal me preenche
                    as linhas retas que se esvaem por entre
fendas
sinto é um nada tão grande
                    que mesmo sendo tudo
                                significa tão pouco
sinto-me                        agudo e ensurdecedor
sinto                           olhos
e
esse olhar sufoca os meus lábios
sinto
                    o nome em cada suspiro

pandora *(entrando como louca)* - o contrário de romã não é amor...
                    o contrário de romã não é amor...
                    o contrário de romã não é amor...
                    o contrário de romã não é amor...
                    o contrário de romã não é amor...
                    o contrário de romã não é amor...
                    o contrário de romã não é amor...
*(cai morta)*

prometeu *(desesperado)* - eu sabia!...

hércules - não!... eu matei a águia que estava no galinheiro...
                                sim.   fui   eu...
*(chora)*

vulcano *(entrando)* - ela foi de tal forma...
            que despertou o vosso interesse.
            a vossa paixão.
e
tudo graças ao seu talento natural.
ela sabe...
sabia
                                sempre soube.
e
deu tantas voltas que acabou por perder de vista o foco inicial
que...
                    seria ele
                    não ela.
sim...
referia-me ao foco inicial.

*o vento traz uma folha de jornal. vulcano lê e desata a rir.*

vulcano - ora ouçam:...
sinto aquela vontade de devorar tudo o que temos e somos.
as coisas cá de dentro não combinam com as coisas obrigatórias.
de todos estes pensamentos tristes surgiu uma imagem bela;
um potro.
lindo e forte...
um dia, esgravatou nos melhores sonhos e partiu nas asas do vento com o coração a bater num galope
foi.
                          para não mais voltar...
e                          porque foi.
não mais houve pasta de fígado.

diana *(entrando)* - a maioria está inflamada de pretensões...
e a salvação?
gritam.
eu...
por vezes pergunto: - que é que desejas salvar?
                                      a tua alma? a tua identi-
dade?
então...
sem resposta, só digo:
                - perde-as e encontrar-te-ás a ti mesmo.
júpiter?                    não te preocupes com júpiter...
júpiter
é crescido o bastante para que se possa encarregar dos seus próprios assuntos.
hércules?
                oh!... esse não passa duma criança estouvada.
detesta pasta de fígado.
prometeu?...
                está a recuperar...
                      problemas de...

*a atriz é interrompida pela passagem de um segundo manequim de montra. ouve-se ruídos vários. as luzes da sala acendem-se e, em coro, os atores dirão:*

procura uma ilha para naufragar
e

                        abana-te com um leque andaluz

pode ser aquela ilha onde os sábios se refugiam
sim

nos teus aquários vislumbro lábios envelhecidos
                    mordidos por anzóis
quando
                    te abanas com um leque andaluz

sim
os algodões arrastam-se desesperados
à luz de paus de fósforo
e

se não pressentes...
                    abana-te com um leque andaluz

pois...
eu descansarei nas margens da insegurança

oh!...
sonha minha menina
sonha com o romper da alva
e
                    abana-te com um leque andaluz

*escuro*



*Luz de Tavira, agosto de 2008*

**COM BASE EM *A MANDRÁGORA* DE NICOLAU MAQUIAVEL**

nota: este texto foi levado aos palcos por "mandrágora"
estreia em lisboa no ano de 2008 - atores - Bruno Vilão, Bruno
Corte Real, Gonçalo Mattos, Manuel Almeida e Sousa,
Marco Ferro, Ricardo Mestre, Rita Penim, Sara Ferreira
responsável técnico - miguel matias
encenação - m. almeida e sousa

# I

*no espaço, sentado, o autor. lança cartas de um tarot. a um dos lados, um volume coberto por um pano. do outro lado, uma porta rotativa (tipo hotel). ao fundo, uma cortina. por detrás da cortina, a sombra de um corpo de mulher. o autor olha o público demoradamente, depois descobre o volume de onde surge o rapaz. sai.*

rapaz - à janela
transparecem os teus peitos
                                nus
qualquer cego os verá
se
servidos nos lençóis brancos da alcova.
deles deriva um relato perceptivo donde brotam
a verdade
e
a falsidade
ah!... a consciência crescente...
e
os meninos correm.          descobrem
    as lesmas que se espreguiçam
sob as pedras húmidas.

*entra o ermitão (lâmina VIIII do tarot).*

coro - não sabemos de onde vimos
os desertos trazem os nossos passos

ermitão - não conheço o silêncio    as minhas mãos
transportam a chuva das tardes cinzentas

coro - os rios lavam as histórias
abraçam-nas com suas margens
e
encaminham-nas para o mar

ermitão - por aqui andei e    não deixei qualquer sinal.
apenas o frio das recordações    a névoa profunda dos
tempos
e
as portas secretas abrem-se.
contemplo a torrente de cinza. *(sai)*

calímaco - *(entrando)* estás aí?... *(pausa)*
ah!...

o dia transformou-se no destino
                         é isto a anulação da mente?
a sua substituição por um mecanismo...
a evolução gradual
aproxima-se do tempo operacional zero.

rapaz - o mal
              tem, por vezes, de ser enfrentado

calímaco - na minha incansável busca, fui alvo de constantes
e
terríveis ameaças...

rapaz - sei. o sangue gelou-te o estômago...

calímaco - dificilmente se pode extrair uma melhor aprendizagem...
certo dia constatei que a substância é o ponto de partida.
oh!... nesse dia discutia-se a beleza.

rapaz - também sei...
e
que dizer?!...

calímaco - não digas nada. ouve. escuta-me apenas.
                         as cidades são deprimentes. todas.

rapaz - abundam os gatos vadios... (*pausa*) uma vez alimentei um,
que me pagou a caridade com arranhões
e
uma dentada no dedo. o polegar.
fascina-me a possibilidade de contrair uma enfermidade
daquelas que destabilizam o espírito...
                         que causam o mal-estar.
desde a felina agressão...

calímaco - amiguinho!...
há nomes que soam mais alto, que são música para os meus sentidos
um nome assim, foi pronunciado.
lucrécia!
não mais o esqueci
e
comprovei.
a sua beleza supera tudo o que sobre ela ouvi.

rapaz - já estou a perceber onde queres chegar.

calímaco - e eu estou brutalmente apaixonado...

rapaz - como te entendo.

calímaco - os infelizes fins de semana...
ah! como se tornam pesados!?...
depois... vão rareando as ondas de gargalhadas.
talvez pelo fato de ser audível a tentativa de disfarçar a decepção.
não captar a sua melodiosa voz, é...
oh!
a senhora. a minha senhora lucrécia dá as costas
e
apesar de tudo, exibe um sorriso singelo, como se essa situação inusitada não fosse algo tão estranho para mim.
não, afinal não é.

rapaz - calculo.

calímaco - mulher cultíssima. introduzida nos melhores círculos intelectuais.
uma alma, enfim, superior...

rapaz - no entanto...

calímaco - casada.

rapaz - o importante nas histórias de hoje é o desenvolvimento da trama, não o final-surpresa.
e eu pressinto já um golpe admirável.
uma trama onde os acontecimentos se encadeiam e se deixam adivinhar...
sim, um final.
instantâneo... encadeado?...

*ouve-se sinos de igreja. o rapaz sai e o espaço fica vazio. por detrás do pano de fundo, a silhueta de uma mulher que cresce e fala.*

voz da mulher *(lucrécia)* - assim como a fénix ascende
               nós também podemos ascender sobre as ruínas da
vida
e
alcançar o santuário escuro da eternidade. da vontade.
               aí, nesse santuário, ela governa num ninho de fogo
no qual os limites de nossas mentes
e corpos
são queimados

e
a vontade
imortal, perfeita, livre de propósitos, é forjada.

## II

*da porta rotativa saem ligúrio e depois o dr. nícia.*

dr. nícia - como te dizia, ligúrio, ou repudias o passado ou...

ligúrio - serás aniquilado!...
então, aniquilemos. aniquilemo-nos.
coloquemo-nos diante do processo de destruição, tudo está calculado para funcionar. sem piedade.
enfrentamos uma inimaginável dose de razoabilidade que nos leva ao êxtase.
o deserto é, pois, uma espécie de crónica que se escreve a dois níveis.

dr. nícia - tudo isso é verdade. tudo.
mas eu queria outra coisa. queria uma vida tranquila.
queria ser um pai rodeado de brinquedos.
queria erguer-me da cadeira e, no primeiro passo, tropeçar num comboio elétrico e, no segundo, pontapear uma bola.
queria viver no caos, na desarrumação.

ligúrio - num quarto de brinquedos?... o deserto seria assim como uma casa insondável.

dr. nícia - suspeita.

ligúrio - inocente.

dr. nícia - lúcida.

ligúrio - consciente.

dr. nícia - nostálgica.
nostálgica?... não. tal imagem não passaria de um simulacro da verdade. seria uma ficção anedótica, realista e ansiosa.
mesmo que por períodos curtos, tais imagens, devem ser substituídas por outras. diferentes.
não devemos sujeitá-las ao sofrimento.
                    às poucas falhas. mesmo às menores...

ligúrio - oh!... como se torna difícil, doutor, todo este discurso intenso que trava as nossas fixações neuróticas.
vou direto ao assunto, se me permitis. sei da cura para o vosso mal.

dr. nícia - o meu mal? não ligúrio, o mal de minha mulher.

ligúrio - conheço um médico.

dr. nícia - conheço um advogado

ligúrio - conheço um pedreiro

dr. nícia - conheço um arquiteto

ligúrio - conheço, enfim, o homem perfeito para tratar a infertilidade da sua senhora. disse-me um destes dias sobre o vosso caso o seguinte:
- "nam causae sterilitatis sont: aut in semine, aut in matrice, aut in instrumentis seminariis, aut in virga, aut in causa extrínseca."

dr. nícia - sabe latim?

ligúrio - sabe tudo. inglês, francês, chinês, castelhano...
a sua língua tem percorrido impiedosas paisagens.
a língua, meu caro doutor...
ah! a língua...
as línguas não são barreiras para ele.

dr. nícia - que excelente médico. confiarei nele sem limites.

*escuro. dois tiros de revólver e uma voz.*

voz - senhores passageiros: para vossa segurança, pedimos o favor de não forçarem as portas.

*ouve-se agora um tremendo grito.*

## III

*o espaço está organizado como na primeira cena - o autor lança cartas de tarot, num dos lados um volume coberto por um pano branco...
o dr. nícia entra pela porta rotativa. dirige-se ao autor.*

dr. nícia - as personagens não têm corpo. parecem arquétipos, marionetas...
o tema tem falta daquela complexidade, daquele equilíbrio entre as

cláusulas próprias do género e o devido interesse... sempre pensei no teatro como uma causa, uma...
mas não, nada está a acontecer. falta o deslumbramento, a magia...
onde está tudo isso?... *(retira o pano branco, surge o rapaz)* oh!...

rapaz - o doutor parece desprovido de mente!...

dr. nícia - que idade tens?

rapaz - doze anos.

dr. nícia - oh! doze anos. poderia ser meu filho.

rapaz - esta história parece extraída de um livro do senhor maquiavel.

autor - precisamente. nicolau maquiavel.
eu não passo de um reles plagiador. isto é um plágio malfeito. *(sai)*

dr. nícia - vês meu filho, virou-nos as costas.

rapaz - na cena que se segue, o protagonista pergunta à sua amante se tem algum inconveniente em mudar-se para a capital. *(sai)*

dr. nícia - estas crianças!...

*lucrécia atravessa o palco, numa lentidão desesperante.*

lucrécia - a fénix era o pássaro simbólico do retorno, representando vários ciclos de tempo como nos é ensinado nas antigas escolas de mistérios.
de acordo com plínius, a vida da fénix tem direta conexão com o ano maior do ciclo de renovação. e a duração deste ciclo, no qual as estrelas e constelações retornam às suas posições originais, varia de acordo com as diferentes autoridades. há quem prescreva um período de 666 anos. outros, porém, afirmam ser de 1461 anos.
cabe aqui lembrar que este é o período específico do ciclo de sírius.
heródoto, esse, afirma que a fénix ressurge em cada quinhentos anos, dando, portanto, este número como sendo a duração do ano maior de retorno cíclico.

dr. nícia - lucrécia, meu amor, viste o nosso filho? esteve aqui há pouco... está quase um homem.

lucrécia - já nasceu?...
ah!... antigos documentos descrevem a mandrágora como uma planta que:

- "adormece el primer día y vuelve loco el segundo". *(sai. a cena escurece)*

**IV**

*em cena ligúrio e calímaco*

ligúrio – dizia-me ele não haver uma razão real e física para o sofrimento anímico que o afeta… quer, à viva força, ser pai.
os médicos aconselham fármacos e mais fármacos, porém…

calímaco – a criança não vem.

ligúrio – com efeito.

calímaco - daria a vida por uma só noite com a senhora lucrécia.

ligúrio – pensei num estratagema. pu-lo em prática...
disse-lhe seres tu médico. abri as portas...
caberá a ti, agora, soltares as rédeas ao teu desejo e construíres uma sórdida cena campestre em que a ténue aceitação inicial da senhora lucrécia venha a culminar na ilustração real do ato…

calímaco – como fazê-la aceitar?

ligúrio – também para isso tenho solução.

calímaco – diz-me.

ligúrio – um padre e a mãe.
um padre, compra-se. a mãe é uma raposa velha… conheço-a bem.
para convencê-la a participar na trama, bastam promessas.
                       promessas de certo protagonismo. eu trato disso.

calímaco – meu caro ligúrio, se tudo correr bem…
                       miro e remiro já, o ato;
... por entre subtis isolamentos,
a percepção do seu corpo escorregando pelos paralelos carris
e
até ao alcançar das abstrações minimalistas duma moldura.
intrigante e sedutora figura... sonho-a rápida, fatal como um raio.
nesse sonho, onde as palavras estão ausentes, as imagens da sua carne quente e o meu olhar curvo percorrendo as escalas do desejo - têm o mesmo peso.
- queres ir para o campo colher romãs?

pergunto.
tantas as histórias bifurcadas...
o que nos vale, é que há um rosário de enigmáticas narrativas que se abrem a um misterioso olhar...

ligúrio – vai. descansa.
           o padre é a minha primeira etapa.

*calímaco sai, ligúrio vai ao fundo da cena. ouve-se um cântico religioso – o som deverá ser distorcido. o ator preparará a sua atuação de forma a jogar com os dois lados do espaço dramático, desempenhando os papéis de padre e ligúrio em simultâneo. ele será a cara e a coroa da moeda. no lado esquerdo, será padre; no direito, ligúrio. a cena deverá ser sublinhada com o som rítmico de uma bola de ping pong.*

em ligúrio – padre!... deus seja louvado.

em padre – louvado seja, meu filho.

em ligúrio – conheceis a bela lucrécia?

em padre – sou o seu guia... com ela faço, por vezes, viagens a uma cripta de um mosteiro dos pirinéus.

em ligúrio – apenas conheço os claustros de oxford e... os bosques da transilvânia.

em padre – e a placidez da campina francesa?

em ligúrio – aí, padre, tive as minhas primeiras aventuras amorosas.

em padre – conheces a história do alfaiatezinho valente?

em ligúrio *(à parte)* – este padre tem gostos estranhos... *(para o padre)*
padre, preciso da sua ajuda. *(simula um segredo)*

em padre – oh!... isso é um pecado nefando...

em ligúrio – os meios, padre, são justificados quando os fins são sagrados....
tenho aqui um cartãozinho de crédito. com muito crédito!

em padre – uma mão lava a outra.

em ligúrio – mais vale um pássaro na outra, que...

padre!... aí vem d. lucrécia com sua mãe.

em padre – vai em paz, meu filho. *(apressa-se a guardar o cartão de crédito)*, vou recebê-las.

## V

*entram sóstrata (a mãe) com uma roda de bicicleta na mão, acompanhada de lucrécia*

padre - vinde a mim, minhas senhoras.

sóstrata - padre, o tempo e a mente aguda... para ver e
relacionar, não chegam.
estou perturbada. perturbada se encontra também minha filha...
precisamos dos vossos conselhos.

padre - por vezes, que sei eu?, alguém viaja ao desconhecido por ter lido que
aí... há terra comestível.

sóstrata - uma mandrágora cresce num pântano, como o lamento distorcido de um menino que poderá vir ao mundo. um menino perdido atormenta os nossos ouvidos como o uivo de um lagarto.

padre - isso será reconfortante para vós.
    lembras-te, sóstrata, das nossas aulas de teologia?

sóstrata - que insinuante estás hoje, padre!...

padre - tudo é virtuoso quando...

sóstrata - os objetivos são alcançados.

padre - nem mais.

sóstrata - e os pecados dos homens?

padre - tu, lucrécia, olha o órgão velocipédico de tua mãe e diz-me:
    - é um objeto mais simbólico do que histórico?

lucrécia - não estudei semiótica, padre.

padre - boa resposta, minha filha.

sóstrata - de acordo com os modelos...

padre - disparate, sóstrata. nada impede vossa filha de experimentar uma poção de mandrágora. e vós... consultai também esse médico. é um excelente profissional... se o fizerdes, não vos esqueçais de vir ao confessionário. ide, minhas filhas... ide.

*a cena escurece. ouve-se passos e o ruído de uma claque de futebol.*

## VI

*a luz volta. calímaco e o dr. nícia passeiam-se.*

dr. nícia - doutor...

calímaco - doutor, eu...

dr. nícia - oh!... doutor...

calímaco - a mandrágora...

dr. nícia - a mandrágora. sim, doutor.

calímaco - a mandrágora é o meio. por ela atingiremos os seus propósitos.

dr. nícia - pois... o propósito sempre é alimentado pela admiração ou por aquela...

calímaco - lúcida dissecação do sistema! *(levantando os braços ao céu e falando em surdina)* ou dir-se-á "dissecção"? baralho-me sempre neste passo... perdoar-me-ão os céus?

dr. nícia - bravo, doutor! acaso se poderão apontar as vertentes excêntricas?

calímaco - nos rios as ocorrências não são simultâneas
e
tudo o resto
não passa de mera especulação metalinguística.
a língua, doutor... a língua...
oh!...

quando noto que há palidez num rosto, sei que posso devolver ao paciente o temperamento que emana... pois...
e
todo este processo passa por aí.
a mandrágora!
ah!...
mas atenção, doutor!... a mulher que a ingerir ficará contaminada pelos poderes da planta. o primeiro que se atrever a entrar no seu leito, poderá morrer ou enlouquecer...
não, doutor. não há cura para tal mal, muito menos para a morte.

dr. nícia - mas isso é terrível!...
        como proceder?

calímaco - desse contraste provém o acerto. o acerto, doutor...
ora, o acerto!... é o regresso à ordem estabelecida.
ou seja, o regresso à normalidade tão desejada por si, doutor. e...

dr. nícia - e... doutor?

calímaco - e... portanto...
que d. lucrécia seja mãe de um rapagão saudável.

dr. nícia *(aplaudindo)* - bravo. bravíssimo!

calímaco - sacrificaremos, no leito, o primeiro madraço que encontremos a vadiar pelas ruas.

*entram lucrécia e sóstrata com a sua roda de bicicleta.*

calímaco - minhas senhoras!?...
        o filtro, foi preparado!...

sóstrata - a fase seguinte aproxima-se.
        e com ela...        o meu neto.

todos - o neto!...
bravo!... bravo!...
viva o doutor calímaco!
viva a mandrágora!

*a cena escurece.*

# VII

*o autor entra em cena de patins. pára. olha para todos os lados. o rapaz aproxima-se pelo lado oposto.*

rapaz - tu?...

autor - tornei-me num guerrilheiro da palavra. disparo vogais em todas as direções.

rapaz - pois eu...
tornei-me num gladiador da palavra
        esgrimo lancinantes consoantes em todas as direções
e...

autor - olha para mim. repete o que disseste.

rapaz - esgrimo lancinantes consoantes em todas as direções, e...
lanço-me sobre as cinzas de civilizações caídas
só
e
para poder renascer...

autor - pois... disse-o eu.
um autêntico festim para os sentidos.
e tu... a gritar. possesso como relógios.

*o autor sai. sóstrata entra com a sua roda de bicicleta como se fora um guarda-chuva. aproxima-se do jovem, agarra-o por um braço. o padre entra.*

sóstrata *(para o rapaz)* - quieto. Aqui, a meu lado.

padre - que temos?

sóstrata - padre... eu...
oh!... a história prossegue dando as voltas de sempre.

padre - as guerras regressam ao lar?!...

sóstrata - pese a honradez voluntariosa deste testemunho...

padre - rituais sucessivos e por vezes sobrepostos?...

sóstrata - a orfandade. o estudo. o jogo. a ciência zoológica. o erotismo. sob o prisma da mística bataillana...

padre - e outras cirurgias mais delicadas. mas...

sóstrata - o meu neto.

padre - lindo menino.

sóstrata - um pecador. um pecador, padre.

padre - sorriu? enfrentou a verdade?...

sóstrata - pior.

padre - pior?...

sóstrata - tirou os pregos... soltou o cristo da cruz e...

rapaz - ele riu-se para mim. encorajou-me. então eu soltei-o. fomos brincar para a praia, rimos... depois lançámos papagaios de papel ao ar e...
ainda tivemos tempo para jogos de antropofagia. ele devorou-me. ali, na praia e, qual fénix, renasci das cinzas.

padre - isso não se faz. não é bonito. não está bem. ah!... os modelos desta época. este influxo liberal... não!... não está mesmo certo. e que será de mim? da igreja?!... *(em fúria)* maldito sejas, rapaz! dou cabo de ti!

*escuro. ouve-se um tiro, um grito, choros. a luz volta. sóstrata e o padre, no chão, desenham uma dança erótica. entra calímaco.*

calímaco - que se passa?

sóstrata - doutor...

padre - a história repete-se. os deuses regressaram. o caos, meu filho, o caos...

calímaco - de volta, padre? o caos?...

padre - dentro das várias classes de antologias, algumas ainda refletem o bom-senso... reúnem bons relatos. algumas até apostam...

sóstrata - o que o padre quer dizer...

calímaco - sei!... estamos perante ações expansivas
    secretas e de radiações impossíveis de serem captadas por profetas.

padre - assim é.

calímaco - não vos preocupeis. no princípio foi o televisor e só depois os "slogans", a barbie, o sexo normalizado, os pais vencidos e os mestres corruptos, a insónia e os microships injetados que nos obrigam a recitar marcas de shampoo, vomitar palavras como cães eloquentes...
ah!...
os abortos naturais e provocados.
ah!...
os suicídios dos adolescentes.
ah!...
a ejaculação precoce e a chegada da velhice!...
ah! ah! ah!

padre - assim seja,

sóstrata *(aos gritos)* - o salvador. o messias... voltou!... voltou!...

*escuro, na penumbra passa o ermitão.*

ermitão - o destino do possuidor de uma mandrágora é influenciado por ela.
no entanto, a sua extração é considerada altamente perigosa.
ah!... tirei alguns dias de folga do blog... mas já estou de volta.
a minha agenda tem andado super-lotada:
- lavar o aquário, cuidar dos peixinhos, preparar a gaiola do canário, ir ao café pela manhã...
pois é... acreditava-se que, quando se arrancava uma mandrágora, o homenzinho encerrado na sua raiz soltava lastimosos e agudos gemidos. é menester colhê-la por baixo de uma forca e após ritos particulares... porém, só em determinadas condições se desfruta de todas essas propriedades.
outro detalhe...
ela não se sentiu frustrada quando viu que não daria para ficar com o rapaz naquela noite...
e
é esta postura, a do desinteresse provocado pela certeza da materialização, que dissolve a ansiedade, não a impossível obliteração...
*(acende um cigarro)* teofrasto, esse, aconsejaba trazar tres círculos con una espada en torno a la planta y arrancarla mirando al oriente. se supone que los gemidos que emitía la planta eran capaces de matar a quien los escuchara, por lo que en la edad media ataban a un perro hambriento al cuello de la raíz, ponían fuera de su alcance un pedazo de carne y se alejaban a todo correr.

cuando el can, tirando de la cuerda, arrancaba la mandrágora, él era quien oía el grito que daba la muerte.

## VIII

*o espaço está escuro, os atores cruzam-se com movimentos lentos. Sóstrata, com a sua roda de bicicleta, destaca-se. os outros saem.*

sóstrata - parabéns!...
disseram-me.
e
continuaram: - a senhora está acima da média e, com isso, prova que é uma verdadeira amante da literatura, que domina muito bem a língua...
e
prosseguiram: - pessoas assim, expressam-se bem em qualquer meio
e
não têm praticamente dificuldade alguma em entender textos considerados eruditos.
e
tu, meu amor, concluíste: - quem sabe se um dia não te tornarás uma filóloga?

*o padre, carregando um enorme saco, entra.*

padre - hoje fui a nova iorque... pela primeira vez...
tirei um dia de folga, sabes?... pela primeira vez vi, ainda que de longe, o que resta da quinta avenida.

sóstrata - que dizes?...

padre - a quinta avenida... próximo, muito próximo do empire state building.
era a nova iorque de sempre; muita gente, muito trânsito, aquele pessoal todo com aquele ar de quem tem muito que fazer...

sóstrata - pois...
e
eu conheço a dor de uma injeção na testa que me prometeram, de graça.

padre - que interessante...
          eu tenho um quisto aqui. ao pé do olho...
alimento-o com ananases. o ananás... tu sabes como são os ananases... grandes, alaranjados... mas tu estás perdidamente apaixonada...

pelo que me consta até andas a trocar beijinhos no escuro das salas de cinema... é isso?

sóstrata - contigo, meu amor.
os meus irmãos não mataram a família... foram ao cinema.
        não achas isso interessante?

padre - oh!... claro amor... *(à parte)* e que fazer depois de uma polémica que se iniciou aqui, neste palco, e terminou num blog nacional?
e... digo-te mais: - quem sabe se um dia não te tornarás numa filóloga?

*saem suavemente, com o som de fundo de água corrente.*


## IX

*em cena, calímaco e ligúrio.*

ligúrio - por... por agora... por agora nada
e
um estado mais subtil deve ser alcançado.
     meu caro calímaco, chegou a hora.
no mundo dos sonhos a vibração manifesta-se. ela espera-te.

calímaco - resulta... espinhoso.
desejava poder dizer: - quero estar contigo amanhã, podes ir buscar-me a casa, depois de jantar?
e ela concorda... concordava.
então a noite parece um amanhecer.
ela dormiu na minha cama!?... brincou com os almoços
e
certificou-se de que o marido estava fora.
pegou no carro e procurou-me.
pegou-me.      devorou-me...
fizemos amor de seguida
e
freneticamente.
estava calor. o suor que escorria dos nossos corpos molhava o chão, as paredes
e
tudo o resto... por onde passássemos.
então...
ficámos juntos muitas vezes.
saímos juntos. festejámos juntos...
e
chorámos juntos quando o sonho se diluiu na corrente.

claro...
afinal as condições iniciais influenciaram bastante os resultados...
mas será essa...

ligúrio - é. é essa. é a dependência sensível...
a dependência inicial...
é isso. vamos gerar o caos.
grita!...
recorda-a... lembra-te!
aquela senhora de saia comprida por quem o teu coração anseia.
lembra-te! aquela trança enorme escorrendo pelas costas...
aqueles óculos coloridos tão... cinematográficos.

calímaco - tracemos a ação. a espera desespera-me.

ligúrio - colocas esta máscara, vestes aquele capote...

calímaco - não devia forçar, devia... esperar que o desejo sobrevoasse
e... fizesse sentir o seu peso. que chegasse o momento. sem pressa.

ligúrio - recuas agora...?

calímaco - não. apenas... ouve ligúrio, estou-te eternamente agradecido.
agora... quando me apanhares, tem cuidado, não me batas com muita força.
caso contrário... mato-te!

*soltam uma enorme gargalhada.*

ligúrio - será assim. tu irás para o largo da igreja e eu enfiar-te-ei um
saco pela cabeça... depois, ato-te e levo-te até ao doutor.
quando ele te trancar no quarto com d. lucrécia, serás tu a fazer o
resto...

calímaco - não precisarei de ajuda. esse é o momento do meu desejo.

*ligúrio sai, rindo.*

calímaco - lembro-me das várias vezes que vi essa mulher passeando
de um lado para o outro... hummm...
quando sentir a humidade de sua boca, soltar-se-ão todas as cadeias.
a ansiedade de sua respiração...
procurará os aromas mais profundos?
procurará o prazer, invadindo territórios desconhecidos?
sinto-me... desconcertado.

pois... vinte e quatro horas não são suficientes para o meu dia.
o meu quotidiano comporta 48 horas... sim, 48.
passei a noite a pensar no teorema... das cinco experiências, quatro, incluindo a mais séria delas, provaram a existência do efeito não local.
basicamente... a questão é saber que ondas se propagam à velocidade da luz... afinal de contas, a criação revela sempre alguns dos seus mistérios.

*escuro. ouve-se o toque de um telefone, seguido de uma voz.*
*voz - como estás? tudo bem?... sim, já faz um tempinho que não nos falamos... pois... é assim.*

## X

*ligúrio está junto da porta rotativa. a seu lado, calímaco com um saco enfiado pela cabeça. ligúrio grita: - "oh da casa!" entra pela porta o dr. nícia.*

ligúrio - aqui está o tratante.

dr. nícia - levemo-lo para dentro. depressa!... cuidado. que não nos vejam.

ligúrio - antes do nascer do sol, solte-o.

dr. nícia - não me esquecerei!... até amanhã.

*escuro. ouve-se uma enorme gargalhada, seguida de aplausos.*

## XI

*sóstrata e o rapaz estão sentados no chão. jogam às cartas. ao fundo, os vultos de um homem e uma mulher. a cena abre com som de violinos e alguns gemidos.*

*uma voz masculina:* - querido vento, permite que esta noite não seja privado de uma melhor relação peso-potência. que consiga as mais altas prestações...

sóstrata - oh!...
os novos propulsores, bem mais potentes, devem facilitar a tarefa. não?...
e que dizer da nova linha exterior...?

e  daquele interior amplo e acolhedor...

rapaz - quando personalizado, o carro
 corresponde a um consumidor mais exigente. o fabricante tem sempre em conta os recursos económicos, tecnológicos... estamos perante um mercado em dura competição.

sóstrata - o salão é amplo e oferece uma completa agenda de atividades paralelas. em muitas delas... poderemos até conduzir.

rapaz - manipular as mudanças, experimentar variantes...

sóstrata - digamos que há sempre a possibilidade de contemplar todos os gostos.

rapaz - é um fato. para participar no salão bastará incorporarmo-nos no grupo que mais nos agrade, no momento, claro.

sóstrata - por exemplo: com os tipos todo-o-terreno, sob a supervisão de monitores especializados, os participantes escalarão montanhas...

rapaz - atravessarão túneis de difícil acesso e...
 superarão todo o tipo de obstáculos.

sóstrata - mesmo aqueles que sempre consideraram impossíveis....

rapaz - para os que preferem o asfalto... também há boas propostas.

sóstrata - tais como: controlar uma derrapagem!...

rapaz - travar e esquivar-se de um obstáculo!...

sóstrata - para além de resolver situações delicadas como: o aquecimento do motor, hesitações normais de um condutor inexperiente... derrapagens na gravilha...

rapaz - e para os amantes da velocidade...

*as cartas voam para fora de cena.*

os dois - oh!....

*grito lancinante. escuro. um foco sobre a porta, onde se pode ver o dr. nícia a espreitar para os dois lados da cena. sóstrata e o rapaz escondem-se. escuro.*

## XII

*o dr. nícia volta a surgir e, do interior, puxa calímaco com violência.*
*calímaco está envolto por uma capa escura.*

dr. nícia - vá!... desaparece, malandro!

calímaco - ai senhor, não me faça mal!...

dr nícia - fora, criatura! e não voltes a aparecer.

*calímaco esconde-se a um canto da cena*

não. não o devia ter largado assim...
mas...
                afinal poucos minutos lhe restam de vida...
e
segundo os cálculos do dr. calímaco os efeitos da mandrágora...
não perdoam. pobre diabo...
                até me sinto um pouco culpado. morrer um homem...
mas...
afinal poderá nascer um menino.
e
o menino... é o meu. o meu menino.
não.
              não voltará.

*o dr. nícia sai. o rapaz e sóstrata riem.*

sóstrata - bem. tenho de ir. vou ver a minha filha, deve estar... desesperada coitadinha...

rapaz - até logo!... *(olha na direção de calímaco)* então?

calímaco - tudo como previsto.
despojado de experiências, confiante na palavra e na intuição mais subtil,
                fui levado ao limite dessa fronteira
                que conserva ainda
a fascinação do enigma.

rapaz - entendo...
calímaco - a matéria bruta transforma-se num salto
e                      abre-se o espaço do carnal.

rapaz - ah, pois...

calímaco - as chaves da poética...

rapaz - as chaves?

calímaco - essa unidade...
traço e trajeto de um caminho que, no seu progresso, molda as formas da peça. única.

rapaz - estou a ver.

calímaco - tens tabaco?

rapaz - de enrolar.

calímaco - serve.

*o jovem estende-lhe o tabaco.*

calímaco - *(enrola o cigarro)* pois... este é o teu primeiro espectáculo!?...

rapaz - sim...

calímaco - claro... és muito novo ainda. uma criança.

rapaz - eu...

calímaco - ah! quando eu fiz de prometeu... se me tivesses visto... aquilo sim, era um espectáculo a sério. mas não...
    ainda não eras nascido.
eu...
    fui talhado para as grandes tragédias.
    oh! se fui... sabes?...
                        adoro fumar.
é como um imenso começar que se ergue das sombras.
das sombras?... claro. das sombras.
o fumo...
ah!... o fumo!...
uma vez estava a fumar na praia e uns garotos... tu sabes como são os garotos. correm e saltam por entre a mansa rebentação. um deles mergulhou mesmo atrás de mim. caí com o cigarro na boca.
apagou-se.

*escuro*

voz do rapaz - o cigarro?

uma voz de mulher - *(cortante)* próxima e última paragem, cena XIII.
tudo se passa em casa do dr. nícia. a um dos lados, o rapaz e calímaco;
do outro, dr. nícia, lucrécia, ligúrio e sóstrata.

rapaz *(para calímaco - entredentes)* - pai.
gostava de ter um computador novo, sabes?...

dr. nícia - vê lucrécia, como o nosso filho cresceu?
        já tem doze anos...

lucrécia - tornou-se um bom amigo do doutor calímaco...
        tenho estado para aqui a pensar...
pois é!...
o doutor calímaco vive só...
é um homem
só.
e nós?...
nós temos uma casa enorme.
        alguns vinte quartos...
porque não convidá-lo a vir para cá?
acho que o garoto adoraria.

dr. nícia - bem pensado, meu amor.
      muito bem pensado.
afinal, o doutor...

sóstrata - *(cortando)* eu convidaria também o padre!

ligúrio - o padre?...
oh!... os seus desejos são ordens, minha senhora.
      posso ir chamá-lo...

sóstrata - vá ligúrio, vá.
    por favor.

ligúrio - imediatamente!...


*a cena escurece. entra o ermitão.*


ermitão - o universo é um consenso
muitas vezes não tão consensual como julgamos.
mas há sempre um acordo invisível
       sobre o que é possível
e

o que é realidade
e
tendo em conta o que cada indivíduo acredita ser o universo
podemos compor
uma aproximação do que é mais consensual entre todos nós.

*o padre rompe em aplausos. escuro total.*

uma voz - e agora?...
uma voltinha, ou vamo-nos deitar?




*Cascais 2005*

# I

*Espaço degradado - tubagens, rodas dentadas, correntes, contentores... a luz sobe lentamente e um rapazinho, adormecido nos escombros, "cresce". Movimenta-se ao ritmo de sons muito estranhos e agressivos. Ouve-se um motor. O silêncio cai. O jovem corre. Pára.*

Rapaz - As vozes são porosas
                                            insidiosas.
    filtram
        deslizam na terra húmida.

    em terrenos misteriosos...
                          somos sempre aprendizes.

*Movimentos bruscos, depois senta-se.*

a sabedoria empalidece            a linguagem
e
a linguagem                     permanece transparente...

Uma voz - se está farto, ou farta, de tragar histórias pré-cozinhadas e anseia os delicados sabores dos velhos discursos, sente-se. Acomode-se...

Rapaz - *(depois de soltar um tremendo grito)* hoje embrenhamo-nos por culturas guturais!...
e
eu...
    ... a irromper do caos
    de espaços interditos...

*Rocinante entra em cena. O rapaz foge.*

Rocinante - os gritos soltam-se.      na garganta.
e                                     ao notar a polidez dos
dias...
o olhar meu...
o meu olhar                          detém-se
olho.
permito-me extrair reflexos de vida
                                  e transcendo
                                  supero...
                                  ah!...
    no princípio era o caos

                              Rocinante atravessou o caos
e
disse: - o caos é bom.
a luz fez-se.
e
Rocinante traçou segmentos.
a um segmento chamou
                    linha de base
e                                    outros segmentos traçou
juntou-os.
o plano nasceu...!
sobre o plano rocinante se projetou.
e
        aí viveu atravessando os séculos.
eu sou              o que não nasce!
                    o que não quebra!
                    o que não tem origem...
eu sou uma cornucópia que derrama sem limites
narrativas
muitas vezes                   sem palavras.
eu sou um raio de sol          eu brilho

*A cena escurece.*


## II

*O mesmo espaço. Theobaldo, sentado, lê um grosso livro.*

Theobaldo - espreguiço-me
o escuro movimenta-se por entre areias movediças
e
navego              na grande cidade.
aqui...
        há lixo
        há gente
e
        mais gente
e
        mais lixo...
fios    de luz.
e
suspensos           ossos.
e
mais sonhos         mais destinos

e
muitas vezes
          penso
e         repenso
como abraçar idolatrias fúnebres
          melancolias errantes...

*O rapaz entra em cena.*

ouvimos
e
obedecemos
    a gritos
    a sinais
    a destinos
    a dívidas...
          não ouvimos
corações.
        ainda que batam.
        ainda que mais alto
            que as carteiras
            que os martelos
            que os garfos...

Rapaz - resta-nos um baralho de cartas...
        não. não há mais nada.
            mais nada.
            mais nada.
            mais nada.
a não ser uma tímida certeza
uma receosa placa azul de afirmações imprecisas
tu...
tu és a discreta exatidão
és a clareza
és o            azul
o             inquietante azul.
             absurdo...?
na próxima paragem muda de carruagem
e
        verás que tudo é possível
        até mesmo sentir o estalar do vento
     até mesmo uma leve brisa que te escorrega pelas pernas...
disseste-o
e
eu, apenas disse: - há que ser profundo
                sensível...

Theobaldo - claro.
e                                              hoje
inconformado
satisfaço-me em desejos esquecidos sobre a estante empoeirada.
diz-me... como definirias alguém que aos quinze anos é capaz de decifrar um labirinto?

Rapaz - o privilegiado
            o que entende o sentido profundo das coisas.
      graças a ti...

Theobaldo - sinto-me como um tigre...

Rapaz - orgulhoso?...

Theobaldo - como um pássaro no seu primeiro voo.
                  tu és... serás o meu escudeiro.

Rapaz - eu?

Theobaldo - tu.

Rapaz - eu...
cada                                    vez
mais
cada                                    vez
mais
cada                                    vez
mais
a cair
a cair                                  num leito
de algodão
e
            a perder                    o juízo
envolto pela humidade mais extrema.
sabes?
acabo de descobrir um caminho áspero   tortuoso
      um caminho que me conduzirá
                                       ao paraíso.

Theobaldo - deveria armar-me como...
sim.
como cavaleiro...
nem tudo está perdido.
e
se chegámos até aqui...

ah!... vou conquistar todos os moinhos de vento.
vou...

*pausa longa e desesperante. dirige-se ao rapaz*

    ... verifica            compara estas tabelas.
notam-se diferenças apenas nesta coluna...
vê!                         na última
                            na penúltima
e
na antepenúltima casa decimal.

Rapaz - vejo...

Theobaldo - será primordial destacar esta diferença que embora oscilante...
                          aumenta com o valor **n**.
ou seja, a cada interação      a diferença tende a aumentar.

Rapaz - estás a encorajar-me?...

Theobaldo - sim. a nossa ação é          agora
nas fronteiras do cálculo.
quero que prossigas.
pelo menos até a interacção 23...
verás que a diferença toma proporções volumosas.
                          que te parece?

Rapaz - bem...

Theobaldo - Não querias aperfeiçoar a tua investigação caótica?

Rapaz - sim. mas...

Theobaldo - então?

Rapaz - então o quê?

Theobaldo - vá!... faz um novo gráfico dos valores encontrados para os dois somatórios iniciais...
... com a ajuda do teu ordenador farás tudo de forma mais rápida.
o teu gráfico deverá...

Rapaz - ah! entendo agora. estás a referir-te às dependências sensíveis... ao efeito borboleta. às teorias do caos.

Theobaldo - subamos às nossas montadas e cavalguemos.
      as laranjas produzirão enormes diferenças no resultado final...
                                    as simulações climáticas!?...

*Ruídos fortes. Chuvas torrenciais.*

## III

*Rocinante entra no espaço.*

Rocinante - o drama com orçamento zero!...
é um lamento figurativo muito próximo do riso pós-moderno
e
                                                resiste.
entrecortado num cálice de vinho no pretérito imperfeito.
oh!... o tempo é já curto
pega nas tuas linhas, verde e vermelha...
e
procede ao engarrafamento.
sinto-me cansado.
                   isto de fazer passar o tempo
                 isto de estar ligado às estações
lembra contornos fabulosos
                 rápidos.
enfim...
chegou o tempo de acasalamento.

*Entra Theobaldo seguido do Rapaz.*

Rapaz - ele          provoca-me o medo...

Theobaldo - não o temas.

Rocinante - finalmente!...

Theobaldo - Rocinante?!...

Rocinante - a construção do futuro é um ato inocente
                              quase infantil. livre...

Rapaz - vou esconder-me atrás de ti, eu...

Theobaldo - um breve olhar...

Rocinante - as constelações obstinadas são... sempre vencedoras.
pobre Theobaldo...                    onde julgas tu que estás?
essas velhas teorias de nada valem              já.
vivemos a passagem.
uma passagem preliminar por caminhos que nos levam de volta às esferas astrais. à velha casa do homem.
não. não falo de um estado
falo de um substrato fenomenal...
objetivo.

Theobaldo - deus é o incriado
e
                            o que nada criou.

*O rapaz, que até ao momento estava atrás de Theobaldo, destaca-se*

Rapaz - num cálculo interativo...
                    devemos usar sempre o valor inicial.
e
daí obteremos um outro, cujo resultado será um novo saldo nem sempre positivo. assim...

Rocinante - com um exemplo as coisas ficarão mais claras.
não acha                        meu menino?

Theobaldo - eu...

Rocinante - não. não me venhas com velhas teorias ainda que mascaradas de inovadoras
e
outras palermices do tipo...
proponho antes que mantenhas incorporado o conhecimento
para ver se atinges uma abordagem diferente
e
não similar ao estado primário da mente. proponho estados conscientes. claro. *Solta uma forte gargalhada*

Theobaldo - eu...

*Rocinante agride Theobaldo. escuro.*
*A luz volta, passados alguns instantes. Apenas o Rapaz em cena.*

Rapaz - Rocinante foi primeiro
e

Rocinante gerou Erus
e
Erus gerou Ergu
e
Ergu gerou Yar
e
Yar gerou Pra
e
Pra juntou a sua tribo
e
atravessou a grande floresta em seis dias e seis noites.
ao sétimo dia Pra disse: - descansemos!... e todos descansaram.
muito foi o prazer que lhes deu o repouso...
então Pra escreveu no grande livro: - que o prazer seja eleito acima de todas as coisas.

*Longa pausa.*

Theobaldo está indignado.
ficou à saída do metro.
procura um espaço para poder contemplar a confusão.
os risos                                os gritos.
mordem-se lábios...
e                                       Theobaldo
como por artes de magia
surge no meio de uma carruagem apinhada.
todos se afastam
                    como se tivessem sido ameaçados.
levantam as mãos e entregam a virgindade em dez prestações mensais.

*Escuro total*

## IV

*O rapaz em cena.*

Rapaz - a senhora Dulcineia...
                    onde estará a senhora Dulcineia?
os silêncios são quebrados pela onda de gargalhadas...
Theobaldo sentindo a dor do espanto
e
da indignação
ou                              se quiserem
da tristeza...
ou mesmo                        de tudo junto...

dirá: - acabo de constatar que desaprendi o sentir

*Depois de uma breve pausa, grita.*

Theobaldo!... Theo!... Theobaldo!...
ah!...
Theobaldo...
a sua vida está recheada de situações em que tudo parece errado.
e
como já perceberam, as pequenas diferenças numéricas no modelo...
... são aquilo a que costumamos chamar de dependência sensível das condições iniciais.
podemos ver isto no exemplo a seguir...

Theobaldo - *(entrando, rápido)* acabo de constatar que desaprendi...
todavia a contribuição plausível
definitiva
... a primeira...
                        precisamos de uma equação não linear.
trabalharás com ela de forma       interativa...
isso. interativa.
não te preocupes. não é difícil.

Rapaz - mas...

Theobaldo - a senhora Dulcineia está a chegar. quero recebê-la no nosso ambiente de trabalho.
                        no gabinete técnico...
e desenvolveremos uma teoria própria
o projeto...

Rapaz – mas, Theobaldo... teremos de alcançar uma maior efetividade.
e
para que seja adquirida... enfim...
        se o procedimento normal, o do enfraquecimento...

Theobaldo - nada de teses experimentais. concentremo-nos no verdadeiro problema. os moinhos de vento.
Rapaz - e se...

Theobaldo - apenas nos moinhos de vento.
                      temos de os abater!...
depois       meu filho
poucos inimigos restarão.
poucos.                 muito poucos.

quase nenhuns.
ou mesmo...                              nenhuns
                                                        entendes?

Rapaz - sim...

Theobaldo - muito bem. vou ao barbeiro.
                             preciso de cuidar da minha imagem.
sabes?...
há anos que espero este encontro.
Dulcineia virá hoje e...

Rapaz - virá montada sobre aquelas duas poderosas rodas?

Theobaldo - pois?!...
             Dulcineia é uma mulher especial.
       por mais de uma vez dei graças à natureza por me ter situado
no lugar apropriado
e
no momento adequado
para poder cruzar-me com aquele ser excepcional.
tu não calculas como...

Rapaz - nota-se. estás feliz.

Theobaldo - oiço e já sinto os motores da caravana.
                 sim. ela não virá só.
                 é uma grande dama.
                 trará o seu séquito e...

Rapaz - estou louco por ver.
                             deve ser um grande espetáculo!?
todos aqueles motores...
brummmmmmmm...      bruuuuuuuummmmmmmm...
ninguna chica puede ser como ella.

Theobaldo - ella es única. ¡insuperable!...

*Dos destroços que cobrem o palco, ergue-se Dulcineia com as suas vestes presas por pequenos cadeados e alfinetes-de-ama. Um ruído metalizado acompanha uma dança próxima da loucura.*

Dulcineia - Theonaldo!... Theo... Theobaldo!?...
meu amor...
neste instante                       sei que não estou a sonhar
e

em verdade vos digo
            estou peregrinando
e
esta sensação de queda não me pertence.
                      acabo de constatar que desaprendi o sentir
e
endurecida está  a insensibilidade
não sinto o vento
não sinto o frio
tão pouco                      este sol.
não sinto                   antes... pressinto
e
penso o                       pensar
penso
e
pressinto
                         que continuarei...
ah!...
o mais importante hoje
                     aqui e agora
será o controle sobre o estado...
                        o dos sonhos lúcidos.
vá!...
emprega aquela tua capacidade de agir em estado de sonolência...
amor!...
enlouqueceremos os dois
e
           se possível...
dominaremos pontualmente o estado de lucidez.
Theobaldo!... amor. meu amor...
                   tu...
                   só precisarás de uma
calculadora
papel
caneta
e...                        muita paciência.
e                          os dois.
tu e eu.
provaremos a teoria através dos números mais complicados...
nos locais menos apropriados
                    a propósito
e                         mesmo a despropósito.
será aqui
neste exercício sem limites
que entra a paciência de que te falei. há anos...
meu amor                 usemos uma

                  usemos duas
                  usemos mil calculadoras programáveis.

Rapaz - e eu?

Dulcineia - tu?... tu...
                  como é mesmo o teu nome?
não o encontrei no guião da história...
não... não podes ser o Sancho Pança
                        esse era mais gordo...
bastante mais
e
tu és como um potro
                  apetecível ao olhar...
ao possível...        saborear!
como disseste que te chamas?

Rapaz - o meu nome é um sigilo gravado na estrela do caos...
     - o teu nome não revelarás!...    disse-me o mestre.

Dulcineia - equivoquei-me...?
                  esta realidade é um equívoco!...
desce                        meu rapaz
desce!
veremos quem está          e aonde se está
e                                quem és.
a ti                            meu querido...
                  a partir de hoje chamar-te-hei X3_0_900.
que te parece?
xis três zero novecentos...        parece-me apropriado.

Theobaldo - parece-me ótimo...
                  está muito próximo dos meus cálculos.
e                se atribuir a **X** o valor de...

Rapaz - alto!... não vou admitir que a minha dignidade seja ferida.
ferida de inconstitui... inconstitui...

Todos - inconstitui... tui... inconstitui... tuicionalidade
inconstitucionalidade.
Rapaz - porra!... é demais. X3_0_900?
                nem pensar.

Theobaldo - mas X3!...        quer dizer...
pronto.

não te chateies!...            afinal, isto está quase no fim
e...

Dulcineia - no fim?... como sabes?
reflete bem meu querido Theobaldo *(à parte)* ou será Theoboldo?
quando parares no sinal vermelho dos pedestres...
reflete...        enquanto esperas pelo sinal verde.
mas              mantém a calma
não penses chegar muito cedo querido Theobaldo...
                              chega na hora....
afinal há sempre uma.
uma hora               a nossa.

Rapaz - e a dor? e o embaraço social?...

*Ruído de um carro, seguido de embate. os três atores caem. escuro.*

Voz de Dulcineia - *(no escuro)* e se tivesses ficado com a ponta do casaco presa na porta?
na porta do comboio?...
pensa no quanto poderia doer aquela queda do alto da ponte se...
ouve Theobaldo           interioriza a situação:
- um carro está a sair de uma garagem. um carro. bonito. brilhante. novo... e...

Voz do rapaz - não vale a pena...
                        estás a falar na outra paragem de peões?
morreríamos na mesma.




*Cascais Outubro de 2005*

# 1

eu, didascália... entrei pelo fundo de cena e, numa calma desesperante, atravessei o espaço.
a cena é branca. no chão dois atores e, sobre mim, paira um terceiro.
o terceiro, é martim, um jovem suspenso do tecto por cordas.
ao fundo, o autor. escreve.

**autor** - há qualquer coisa...

**didascália** - mas... eu deveria dizer, por exemplo:... - o autor levanta-se e aproxima-se da boca de cena.
talvez isso, ou...

**autor** - não o previ.

**didascália** - pois... esta minha personagem é difícil. não tem género...
                                            como atriz...

**autor** - não me interessam as profissões. são as pessoas que...

**didascália** - ainda assim...!

**autor** - a realidade retira-se precisamente no momento relampejante da bifurcação.
o mundo, o das aparências, é um sucessivo velejar
e
sorridentes, os dentes...

**didascália** - conhece aquela personagem?

**autor** - qual?

**didascália** - aquela que paira sobre nós.
                     aquele jovem suspenso por cordas.

**autor** - martim?...
claro. morreu em 1970. segundo informação oficial, num acidente.
mas...

**didascália** - mas...?

**autor** - não. não mesmo.
foi uma mina... uma mina que explodiu por debaixo do carro.

**didascália** - uma mina...?

**autor** - sigo a trilha dos mortos.
por aí                    por onde não há leis.
e                         ao passar pelos cadáveres dos amigos...
                          os instintos nómadas apontam a direção do vento
                          lufadas que cortam como navalhas cegas...

**didascália** - os amigos contam-se pelos...

**autor** - ... dedos de uma só mão. disse-te ele...?
claro. foi ele...
dos amigos... os meus.
          os homens morreram.
          as mulheres enlouqueceram...
ele estava consciente de que a nossa geração seria das últimas a morrer contra sua vontade...
          tinha os cabelos avermelhados. da cor do fogo.

**didascália** - estamos apaixonados.

**autor** - eu sei.

**didascália** - sabe?

**autor** - claro.
          soube-o muito antes de ter morrido.
          soube-o num jantar. a dois.
          a bordo de um barco... um veleiro.
devorávamos olhares.
          como estão distantes os dedos que me viram. como estão...
até amanhã.

**didascália** - o autor sai. pelo fundo. um dos atores, que estava no chão, levanta-se. arrasta o outro para os bastidores ao ritmo marcado pelo som de um tambor... também se pode ouvir, o ruído do trânsito desta cidade.
agora, saio.
é martim que se ouve. mas só após um tremendo grito. um grito lancinante.

**martim** - os amigos contam-se pelos dedos de uma só mão.
               no meio dos prédios
               as estruturas resistem lubrificadas por palavras
e

as palavras...                desenham-se no vento

**didascália** - eu volto ao espaço e, num repente, caminho na direção do público para dizer:
meia-sombra...                meia-luz
olhos
eclipses
espelhos                      e
alices                        de olhos roxos
sim.
e...                          mais direi:
- galdranas animam as mais belas festas com danças históricas.
este enfeitiçante mundo
                              é um jogo. mágico...
olho, agora, para martim e digo: - quem sabe não te encontrem sentado debaixo dum silêncio
                              muito calado
e martim:
- quem sabe com tudo isso não haverá sangue
                              tão pouco noturnas fumaças

e eu:
- quem sabe se as montanhas a escalar
                profetizam solenemente o meu destino
é                                           que
vais            e                           vens também
... como pude envelhecer este tanto tempo
                sem ao menos ter passado o cotovelo da rua?

aqui martim incendiará a sua voz para dizer:...

- resta                       me
ainda
errar pelo deserto.           solitário
resta                         me
ser                           eu
a devorar piqueniques         ao meio-dia
sempre                        ao meio-dia
e
                              ao meio-dia
a meio caminho                ninguno habia intentado avanzar sobre el
otro...

**didascália** -   ninguno habia intentado avanzar sobre el otro...

113

ninguno habia intentado avanzar sobre el otro...
ninguno habia intentado avanzar sobre el otro...

é aí que ele escorregará sobre mim para me beijar...

**martim** - amo-te...!
tens um espelho?... pode ser...

**didascália** - aqui o tens.

martim olha-se demoradamente ao espelho...

- os teus lábios tocaram os teus lábios? no espelho?...
mas isso não consta no guião...
e              se constasse...
                    deveria ser eu a dizê-lo.
o que fizeste...

**martim** - eu conheço esta história...
                    como conservas
 de atum
de sardinha
de cavala
                    em tomate.
em molho            de tomate...

**didascália** - passados estes minutos de paixão, as luzes baixam.
e                          saímos no escuro.


# 2

**didascália** - um ato.
as metáforas desgrenhadas sentem vontade de narrar outras aventuras...
olho ao meu redor.
e
pergunto: - onde vamos agora?
respondo: - para casa.
pergunto: - e depois?
respondo: - depois entramos...
pergunto: - e depois?
é então que magda, apressada, atravessa a cena. pára a um dos lados
e
diz para o interior de um funil: - a percepção é já pensamento...

porque....
no meio há portas!

eu...
apenas pergunto: ¿qué harías si tuvieses todo el tiempo del mundo?
e
ela responde apenas:
- lancei os meus garfos no teclado
       ori gui ohkum
       ori gui ohkul
       ori ori ori
        kim kim kim
       onde estás tu?
       onde estás tu?
       tu...?!

**didascália** - antes de sair, magda, toma um banho no chuveiro
e              faz a barba
só depois se vestirá decentemente...
vamos sair de cena.
as duas.
porém, segundos antes, entrará martim.

**martim** - depois comemos.
e...            tudo se resumiu a uma
névoa
uma névoa diante       de mim.
ao acender a tua voz      tapo o sol com as mãos
assim e            de pé
falo alto
tudo.             em todas as ruas
e
imagino-me caminhando por entre edifícios projetados nas tuas janelas
a carne é filamentosa
     enfia-se por entre os dentes.
não esqueças...
se me amas          encontrar-me-às
mesmo depois de morto
mesmo depois de morto
mesmo depois de morto
mesmo depois de morto

**voz de didascália** - sai de cena!

# 3

**didascália** - como terão tido a oportunidade de verificar...
eu, acabo de entrar no espaço simulando um jogo infantil. saltitando sobre o pé esquerdo.
a cena representa a sala de entrada de uma tradicional casa de pasto. neste momento entram dois atores. sentam-se.
quanto a mim... ficarei aqui a ler o jornal.

**ator 1** - 27

**ator 2** - 32

**ator 1** - 151

**ator 2** - o teu tio tinha os cabelos avermelhados
                                           da cor do fogo.

**ator 1** - como a lua
                                           como a consciência.

**ator 2** - como...

**ator 1** - não sei, para mim foi a primeira vez...
                                     nunca se passou nada igual...
a vontade cedeu
e
entreguei-me à exaltação          agora...

**ator 2** - o amor rebelde, apoderou-se do teu arbítrio
e                          a razão partiu para umas longas férias

**ator 1** - a sua silhueta à luz de velas...

**ator 2** - não.

**ator 1** - porquê?

**ator 2** - não é correto. eu penso...

**didascália** - ouve-se um grito. os atores ficam estáticos. entra martim.

**martim** - segundo li
duas pessoas reagem de forma diferente ante uma representação.
o que surge como agradável para uma...

que estupidez! é que perdemos tantas vidas nestes jogos virtuais...
preciso de fazer um "download". imediatamente. posso?...

**didascália** - os dois atores olham o tecto. martim solta a sua voz.

martim - existo ainda...
embora não o saibas.
embora não o saibas
sou quem pensa
e
tudo não passa de um sonho.
um sonho terrível.
insustentável...
um pesadelo!
sim                                    um pesadelo.
e
com a verdade vos digo: - não nasci ainda.
tudo é escuro e movimento-me porque estou sendo repelido...
para fora de alguém, para fora do universo!
silêncio
silêncio
silêncio!                              não é o que todos dizem?
de forma...                            barulhenta?

**didascália** - os atores, voltam ao estado anterior. não se mexem.
ouve-se um ruído estranho...
precisamente. este.
agora entra magda como louca.
está com muito medo...
em sua perseguição um homem com um revólver. dispara sobre ela três tiros e... grita.

**homem** - matei-te!...
não te suporto!... nunca te suportei! cabra...!

**didascália** - o homem sai.
os dois atores devem abandonar o espaço numa alegre dança de salão. magda, levanta-se num repente quando ouve a sirene dum carro de bombeiros.

**magda** - um incêndio... onde será?
tenho de ir.
sou bombeira. sou...

**didascália** - sai tão louca como entrou.

4

**didascália** - o chão está coberto de folhas de papel de jornal. escuro.
som de trânsito urbano - interrompido bruscamente.
ouve-se agora o chilrear de pássaros. a luz sobe lentamente. vê-se
martim, que manipula um telefone portátil.
após um espaço de silêncio, entra em cena uma bicicleta que cai.
o ator não se move - demonstrará, mesmo, a maior indiferença.
ouve-se agora um relato de futebol (som de má qualidade). martim
olha para trás...

**martim** - ele...
levantou a cabeça para observar a lâmpada que pendia do tecto
                            respirou profundamente...
e
cerrou os olhos...
... talvez para valorizar a viagem que nos restava...?
perguntei-me na altura sobre...
                   el valor de las palabras
estou lembrado...
foi... quando nos serviram um prato com cogumelos cristalizados que...
... comemos estendidos sobre o leito.
e
só depois
iniciámos uma aturada investigação.
não.
é que... podiam ter eleito melhor música para ilustrar o ato.
realmente... sim. estou lembrado. foi assim...
um pássaro entra
e               estaciona no centro do quarto.
              escurece.
              tudo escurece, mas não totalmente
e
na penumbra...
engraçado... ser-se consciente da beleza não é demasiado difícil.
porém conter-se quando se manifesta ante ti
quando transborda
para mais, protagonizada por seres que habitam um retábulo de perfeição...


5

**didascália** - uma coisa é a mente, outra...
                  agora... magda regressa. perturbada.

não sabe que fazer. balbucia palavras estranhas... o homem que a matou, volta a entrar. pára à sua frente e dispara de novo. três tiros. sim, sobre ela. magda volta a morrer. ele, sai com um sorriso vitorioso.
neste momento uma valsa soa.
martim e eu, ensaiamos uma dança. enquanto isso, canta.

**martim** - pintava pássaros
               e
               um gato
               lambia-se entre pernas
eu grasnava                com os amigos que nunca tive
ali.                            onde se inventa todos os dias o
céu
               e
               o meu corpo morto
                           observa-me
como num jogo de crianças.
               contemplo
               pontes de algodão
                         de açúcar

**didascália** - martim pára. estupefato. olha o relógio... sai num repente. porém, antes gritará:

- era o meu palácio
               era o teu espaço. o da tristeza.

**didascália** - magda atingida pelos três disparos... levanta-se suavemente para dizer:

- fui possuída por um secreto desejo
               só as fadas me escutaram...

**didascália** - eu... espantada.
e                perplexa...
olho-a
e                ela só dirá:

- velo pelo amor que não me dão...
não.                que não me deram...

**didascália** - o homem volta a entrar.
               empunha, agora, um enorme punhal.

**homem** - agora são duas?...

                saibam que sou um dos mais perigosos
vírus
e                contagiei-vos hoje.
                aqui.
                neste banho público.
sintam-me nas vossas entranhas!

**didascália** - esfaqueia-nos.
e
ficará aqui algum tempo a contemplar os nossos corpos ensanguentados.
reparem.
ele usa cosméticos fabricados com óleo de baleia, talvez por isso...
morremos                as duas.
não.                não deve ter sido por isso.
chamo-o?...
sim. vou chamá-lo.

- olha para mim!
para os meus ossos.
sabes, meu rapaz?... por trás da janela, muitas vezes, obrigava-me a usar um colar de pérolas.

**homem** - já não há pedras sobre as quais possas saltar...

**didascália** - o mundo aposta nos nossos corpos. na carne...

**homem** - o corpo ensanguentado que descansava naquele caixão vermelho
                era eu.
e
essa coisa das ratas, de que tanto medo tiveste...

**didascália** - solta uma gargalhada terrível e continua:

**-** foi das melhores histórias que alguma vez os moribundos me contaram.

**didascália** - o homem sai desesperado exibindo um sorriso de catálogo.
tienen que ocurrir tantas cosas para que dos personas se encuentren...
e eu
                quero estar aqui
agora                em mim.
sem passado.        sem futuro...

**didascália** - estamos em cena... nós. eu e um homem.
um homem que mergulha os pés no alguidar...
e
como na cena primeira, martim paira suspenso por cordas... ali.
sobre nós.

- o meu primeiro namorado não sabia o que queria.
       estava, ainda, nas histórias onde também eu sonhava estar...
tu sabes como é; carro grátis e dinheiro para os copos...
o meu primeiro namorado encontrou-me numa ruela.     perdida.

**ator** - interessante...

**didascália** - ah!...
um dia confessou que desejava praticar...
                        algo selvagem comigo.
eu só disse: - se capaz disso és...
                    os teus problemas diluem-se
aqui.
porque       aqui
és tudo.
porque       aqui
podes...
tudo
e
nada.                nem uma coisa...
                      nem outra.

**ator** - muito interessante...

**didascália** - hoje condensei um extraordinário ensaio
                 tudo, graças ao seu incondicional carinho.
a sua fiel e feroz mente
                       guia-me... ainda.

**ator** - sei... uma referência.
mas não estou maquilhado, não sou filho de uma prostituta e, se...

**martim** - não.
nunca me atrevi a gritar          salvo à minha própria
pessoa.
não.
não utilizo mais máscaras          a minha carne apodrece...

sim.
sou um vento de autoestrada.
habito uma ilha, esquecida
e
em choque continuo.
não.
não apelo ao normal como um interruptor que dá acesso imediato ao meu inferno.
sou tão transgressor...

**didascália** - tens a coerência sagrada.
és o bálsamo que chega.

martim exibe um revólver... vai...

**martim** - matá-los!... estão já mortos, seus cabrões!
atirei sobre vós.
apenas com o peso dos olhos
e
bem no meio do peito.
vocês criaram as quatro estações
e
esqueceram-se que eu crio as minhas incessantemente...

7

**ator 1** - ando aqui, de um lado para o outro. sem destino.

**ator 2** - eu... poderia, agora, traçar no ar alguns riscos e ninguém ousaria dizer que não estou certo. tenho tudo na ponta dos meus dedos
nas ilhotas da minha memória.

**magda** – trazes contigo cada contorno.
cada rectilíneo traço do que és.
ou
do que eu julgo que sejas.

**ator 1** - quem terá no peito a coragem necessária para soltar um olhar selvagem?

martim - eu!...
que merda...
a todo o momento corremos o risco de não ver ninguém
não enxergar nada...
a aparência ofuscou os olhos de quase todos...

lembro-me...
ele                                      caminhou sobre as águas.
sim...                                   porque sabia sonhar.
fiquei travado na cama a pensar...
em tudo isso.
um exercício feito.
um exercício daqueles com que aprendemos a escrever.
ah!...
agora sim.                               posso matá-los.
a todos.
libertá-los!
permitam-me este toque da classe

***escuro***

## cena ao estilo de final feliz *(ainda que o não seja)*

**martim** - o espaço cénico está mal iluminado. eu... vou entrar na cena lançando para o chão pequenas folhas de papel.
saio em seguida e o espaço fica vazio, apenas vozes. num crescendo.
volto de novo para recolher as folhas.
vou organizá-las, calmamente, sentado neste pequeno banco.
e                       agora vou cozê-las com esta agulha.

    - que tal...?
    construí um belo livro com os nossos poemas.
        belos poemas...
        ainda os não li, mas...
ah...!
este é a cara dele...:
    como estão distantes os dedos que nunca me viram.
    os vapores devem fluir.
naturalmente                    pela pele.
então
    uma planície nebulosa e vasta cola-se aos olhos...
aos nossos olhos.

entra agora um ciclista disparando tiros de revólver e sai rapidamente.

    - antes de se despedir...
        ainda me disse
engatilhei o cérebro e disparei projéteis na esperança de perfurar o

teu coração.
como lamento…
como lamento não ter sido ele

*escuro*

*Cascais - 2011*

## SOBRE O AUTOR

quem sou eu?
pergunto-me muitas vezes
e
umas vezes respondo-me
muitas outras não
e
quando respondo digo que sou manuel
e
sou almeida e sousa
tudo o mais são viagens.
- nasci em cascais (portugal) no ano de 1947, caranguejo de signo, formei-me na escola superior de teatro e cinema de lisboa, passei pela faculdade de letras (também de lisboa) e, vivi tempos complicados de uma guerra sem sentido
e
pintei
e fiz teatro
e fiz performances
e escrevi cartas aos amigos como estas...
estas peças teatrais apresentadas neste "eu, tu e o comboio".
resumindo:... estas experiências - em forma de escrita dramática - são mesmo cartas. mensagens. mensagens (teatrais) que resumem o ambiente de pesquisa e experiência estética vivido.

m.a.s.

Impresso em São Paulo, SP, em setembro de 2012,
com miolo em off-set 75g/m², nas oficinas da Graphium.
Composto em Times, corpo 12 pt.

Não encontrando esta obra nas livrarias,
solicite-a diretamente à editora.

**Escrituras Editora e Distribuidora de Livros Ltda.**
Rua Maestro Callia, 123
Vila Mariana – São Paulo, SP – 04012-100
Tel.: (11) 5904-4499 / Fax: (11) 5904-4495
escrituras@escrituras.com.br
vendas@escrituras.com.br
imprensa@escrituras.com.br
www.escrituras.com.br